Demetrius

das trevas à santidade

Mundo Maior
Editora e
Distribuidora
EDITORA DA FUNDAÇÃO ESPÍRITA ANDRÉ LUIZ

Demetrius das trevas à santidade

Mundo Maior Editora
Fundação Espírita André Luiz

Rua Ezequiel Freire, 732 – Santana
02034-002 São Paulo / SP
(0__ 11) 2979 2157
www.mundomaior.com.br
e-mail: site@mundomaior.com.br
e-mail: editora@mundomaior.com.br

Julho / 2009 – 2ª Edição

Impresso no Brasil

Diretoria Editorial: Onofre Astinfero Baptista / Margareth Pummer
Coordenadora Editorial: Renata Carvalho
Conselho Editorial: José Geraldo / Carlos Coelho / Silvana Scarpino
Projeto Gráfico e Diagramação: Set-up Time
Criação de Capa: Eduardo Dubal
Revisão: Agcal
Revisão 2ª Edição: Fabricia Carpinelli Romaniv

J. DEMÉTRIO LORICCHIO

Demetrius

das trevas à santidade

Mundo Maior Editora e Distribuidora
EDITORA DA FUNDAÇÃO ESPÍRITA ANDRÉ LUIZ

O produto desta edição é destinado às obras assistenciais do autor, na cidade de São Paulo, Estado de São Paulo.

"Em verdade, em verdade, vos digo:
ninguém pode ver o Reino de Deus se
não nascer de novo."
"... não vos espanteis se vos digo que
é preciso que nasçais de novo..."

Jesus (João 3:01/12)

Demetrius – das trevas à santidade

Este é mais um livro de João Demétrio Loricchio publicado pela Mundo Maior Editora. Desta feita, diferentemente das demais produções do autor, é uma história. A narração das várias encarnações nas quais o Espírito recebeu o nome de Demetrius.

Logo no início de sua apresentação, João Demétrio Loricchio nos conta que esta obra já se encontrava escrita da espiritualidade e que o assunto, por ser inédito, poderá provocar alguma polêmica, em razão de não existirem registros de certos detalhes revelados no livro.

Conversei com o autor, na condição de Editor da Mundo Maior, para saber das particularidades desta afirmativa. Ele me relatou que ao construir este livro, aconteceu com o mesmo aquilo que ultimamente nos tem chegado ao conhecimento, e tem ocorrido com várias pessoas. É uma antiga característica de mediunidade que, nos últimos tempos, vem sendo bastante utilizada pela espiritualidade: o desdobramento consciente. A pessoa, na qual o efeito é produzido, tem perfeita percepção do que está acontecendo, com plena noção, ao voltar ao corpo físico, de tudo aquilo que viu e ouviu. No caso do João Demétrio Loricchio, ele teve vários desdobramentos, em diversas ocasiões, quando foi levado, no mundo espiritual, a uma biblioteca, onde leu este livro. O presente trabalho é, assim, a transcrição de um livro que já está escrito na espiritualidade.

Não há motivos para que duvidemos desta afirmativa uma vez que, conforme declaramos acima, ao longo do tempo, temos ouvido vários relatos de pessoas que têm trabalhado bastante desta maneira, ou seja, num desdobramento consciente.

Importante notar que a obra é escrita rigorosamente alinhada com os preceitos da Doutrina Espírita, embasada, principalmente, no conceito da reencarnação como processo de crescimento do Espírito. O estilo de escrita utilizado é simples e claro e a leitura muito agradável.

Euripedes Rodrigues dos Reis

EDITOR DA MUNDO MAIOR

Sumário

Prefácio

Foi com um misto de surpresa e satisfação que recebi o convite do nosso companheiro de lida espírita Doutor João Demétrio Loricchio, de prefaciar seu novo trabalho. Por aquelas coincidências que tantas vezes se apresentam em nossas vidas, nos encontramos no Grupo Espírita Napoleão Laureano momentos antes de realizar uma palestra que, em mais uma coincidência, sem conhecer o conteúdo do livro, versei, sobre a evolução do Espírito e as inúmeras oportunidades de aprendizado nas reencarnações que todos já tivemos. Testemunhado pelo Senhor Moacyr Moda, presidente da instituição que nos recebia, o aceite, feito de pronto, deveu-se ao apreço e respeito que a figura do Doutor Demétrio irradia a todos nós.

Com uma vida pública íntegra, ativo estudioso e divulgador da doutrina dos espíritos, é autor de alguns livros que versam sobre a justiça humana e divina, refletindo sobre a vida e a morte. Nessa nova etapa, brinda-nos com esse trabalho que considero de grande interesse para aqueles que, sem preconceitos, procuram um aprofundamento na verdade. É uma obra que mistura fatos históricos sabidos por muitos com outros que agora se fazem conhecidos, devido à mediunidade inspirativa do autor. Orientado pelos seus guias espirituais, o autor nos traz a Epopeia do Espírito Demetrius, que poderia ser a saga de qualquer um de nós, pois, os caminhos da evolução, embora com roupagens múltiplas, possuem as mesmas características. O roteiro faz-nos refletir sobre nossas vidas passadas; quem fomos, o que fizemos e – o mais importante – o que somos hoje e o que estamos fazendo nessa existência pela nossa evolução espiritual.

Entendo que este livro trará a você, leitor, reflexões sérias sobre a luz que os ensinamentos do Evangelho pela Doutrina Espírita nos mostra sobre a necessidade da dor, quando não aprendemos pelo amor, e a eterna e magnânima bondade divina que nos concede inúmeras formas de aprendizado. Desejo-lhes uma boa leitura.

Humberto Pazian

Apresentação

A presente obra, que tivemos a honra de transcrever, já há algum tempo encontrava-se escrita na Espiritualidade, esperando o momento propício para a sua publicação.

É uma narração inédita e, por vezes, polêmica, em virtude de não existir registros de certos fatos revelados, até então, aqui no plano mais denso do nosso Planeta, bem como de outros tidos como fábulas.

Nossa intenção, em particular, não foi de trazer a público relatos inéditos em nossa literatura, mas, sim, exemplos de reencarnações típicas de Espíritos imperfeitos, ainda vinculados ao nosso orbe, em busca da perfeição. É incontestável que a evolução no ser humano é arrastada e lenta, em virtude do obstáculo que o Espírito encontra, ao revestir-se com o corpo mais denso, o qual é propenso ao apego dos bens materiais.

A Terra é tida como um Planeta inferior em comparação com outros astros, e, em consequência, sua aura energética é de energias das mais grosseiras, por influência de condutas e pensamentos dos Espíritos a ele vinculado. O próprio corpo físico e o espiritual são formados por essas substâncias energéticas densas, ficando regidos pela Lei da Gravidade que, por sua vez, vincula-os a este solo chamado Terra.

Esta é a razão das dificuldades que os Espíritos encontram ao reencarnarem em busca de experiências, de reparos e da própria evolução. Recebem na Pátria Espiritual todo auxílio e orientação para esse fim e, a partir daí, passam pelos processos mais complexos para o retorno à carne. Entretanto, ao ingressar nessa nova "casca" ou "carcaça", suas energias mais rarefeitas entram em choque com as energias mais grosseiras do corpo biológico e vem ocorrer o denominado "esquecimento do passado".

Nos relatos da epopeia do Espírito Demetrius, nosso personagem, ficam caracterizados esses fatos, levando-o a esquecer os compromissos assumidos antes do retorno e a embrenhar-se por caminhos tortuosos, aumentando as dificuldades, os sofrimentos e o atraso.

No estágio evolutivo em que se encontra a Terra, o progresso avança por duas maneiras diferentes: uma lenta, gradual e imperceptível; outra, regida por mudanças bruscas. A primeira é caracterizada pelo atendimento dos valores morais advindos da Boa Nova de Jesus, que facilitarão o desprendimento parcial das energias grosseiras do corpo biológico sem, contudo, deixar de usufruir, com equilíbrio, os bens materiais de que tem a posse transitória; a segunda, atendendo ao apego desenfreado das paixões e dos vícios, procedentes da atração ilusória da carne, fica à mercê de sofrimentos e, por vezes, de ações catastróficas para o seu despertar.

Por outro lado, ficará demonstrado que as quedas, os infortúnios e as próprias destruições materiais, muitas vezes, não são prejudiciais ao Espírito Imortal, ao contrário, estarão dando oportunidade de reequilibrar ao que foi desequilibrado no pretérito, além de trazer experiências ao Espírito. É a aplicação da chamada 3ª Lei de Newton, conhecida por ação e reação.

Sem dúvida, o mais pernicioso para o Espírito encarnado é a inércia e a omissão, que fazem estacionar e atrasar, no tempo e no espaço, a busca da perfeição, ocorrência que não vamos encontrar em nenhuma oportunidade das vivências, aqui na Terra, de Demetrius.

Nos relatos a seguir o estimado leitor encontrará todos esses fatos na caminhada terrestre de Demetrius, que fará um elo "DAS TREVAS À SANTIDADE".

O Autor

CAPÍTULO

I

Demetrius e a Mitologia

Toda a crença mitológica traz um fundo moral ou espiritual que se depreende de suas fábulas. Não será difícil perceber que nessas singelas colocações, a respeito de deuses e suas representações no cenário de nosso mundo material, a filosofia e a própria igreja dogmática agregaram em seus ensinamentos algumas de suas crenças pagãs como, por exemplo, a santíssima trindade, o céu e o inferno, as imagens, os rituais, os incensos, entre outras crenças. Mas, outros ensinos, não fixados ao "pé da letra", como veremos, encontram-se em uso por estarem nas leis da natureza.

Como intróito à nossa narração trazemos os doze grandes deuses do *Olimpo,* ou seja, do *Paraíso*, segundo a mitologia greco-romana, para elucidar essas crenças e a própria etimologia do personagem desta obra: Demetrius. Comecemos por:

Zeus: conhecido entre os romanos como *Júpiter* e considerado o rei dos deuses; de conformidade com a mitologia, ficava no ápice das divindades antigas e seu poder abrangia todo o Universo e sempre que necessário, tomava nomes e atributos diversos. Tinha como irmão *Plutão* e *Netuno,* que seriam simples desdobramentos de sua personalidade.

Hera ou *Juno*: irmã e, ao mesmo tempo, esposa de *Zeus*; deusa tutelar do casamento, protetora das uniões castas, fortalecedora do laço de família e protetora da monogamia. Era considerada a rainha do céu.

Poseidon ou *Netuno*: filho de *Saturno* e irmão de *Júpiter*, era considerado o deus dos mares e invocado pelos navegadores. *Deméter* ou *Ceres*, também irmã e esposa de *Júpiter*, considerada a deusa da fertilidade e da terra cultivada.

Apolo ou *Hélios*: o deus-profeta, o deus da inspiração, o deus da medicina, considerado o vencedor das trevas e das forças maléficas.

Artemis ou *Diana*: irmã de *Apolo* e deusa da caça. Esta não tem qualquer relação com a deusa asiática, *Diana de Éfeso*, a qual foi muito famosa e adorada.

Hephaistos ou *Vulcano*: filho de *Júpiter* e de *Juno*; é a personificação do fogo e inspiração dos ferreiros, considerado divino obreiro de *Olimpo.*

Atenas ou *Minerva*: foi a primeira esposa de Júpiter, considerada a encarnação da sabedoria divina, de reflexão personificada e a deusa guerreira que combatia todas as fraquezas humanas.

Ares ou *Marte*: deus da guerra e tido como violento e sanguinário; ganhou importância somente entre os romanos e foi detestado pelos imortais.

Afrodite ou *Vênus*: deusa da Natureza; foi a que deu o germe às plantas, aos animais e que reuniu os laços da sociedade aos primeiros homens, espíritos ferozes e bárbaros.

Hermes ou *Mercúrio*: deus da transição, da mudança, da passagem de um estado para outro, mensageiro celeste; leva aos deuses as preces dos homens e aos homens os benefícios dos deuses; preside a transição entre a vida e a morte. E, por fim, *Héstia* ou *Vesta*: primeira filha nascida de *Saturno* e de *Réa*. É a personificação do lar e guarda da família; não lhe agradava os trabalhos de *Vênus*; era honrada em todos os templos dos deuses e considerada a mais augusta das deusas; difundiu universalmente a possibilidade de a alma dos mortos voltarem à Terra a fim de proteger os parentes ou amigos.[1*]

---

* Nota do Autor, número indicativo da referência bibliográfica. Vide final do livro.

Ressalta-se, desses simples escritos, que a mitologia grega baseada em fábulas, em sua essência, traz algumas realidades que já se encontram em muitos ensinos religiosos e, aos poucos, outros entendimentos virão de acordo com a evolução.

Como vimos, *Deméter*, era uma das doze divindades do *Olimpo* e filha de *Cronos* e *Cibele*. Seu nome traduzia em fecundidade e fertilidade, mais precisamente, da terra cultivada. No século V a.C., o culto à *Deméter* foi introduzido em Roma, onde essa deusa foi identificada como *Ceres*.

O nosso ilustre personagem, em todas suas reencarnações que aqui serão relatadas, continuamente veio a usar o nome Demetrius, que na etimologia grega significa consagrado à deusa *Deméter*. Esse nome indica sempre vencer. É o binômio: esforço e perseverança. A epopeia desse Espírito é um exemplo de trabalho e conquista e, ao mesmo tempo, progresso material e evolução espiritual. São conquistas que o Espírito jamais perde, por seu mérito e persistência.

Ao longo deste relato que iremos passar a respeito do Espírito Demetrius, em vários momentos, estarão ombreando com ele, nas vitórias e nas derrotas, outras personalidades ilustres que participaram de nossa história humana. Ao se percorrer a trajetória desse Espírito, com os olhos e com a mente, será possível verificar que esteve em várias existências debruçado em guerras, conquista e destruição. Em destruição, por vezes, abusivas, porém, em outros casos em destruição necessária. É o remédio amargo para a cura de um mal. À primeira vista dará impressão de ser um Espírito típico de regiões mais densas das trevas, todavia, com o desenrolar dos acontecimentos, de encarnação em encarnação, desvendará que as destruições, em nosso estágio evolutivo, são imperativas para abertura do progresso da Humanidade.

Na realidade, para o progresso da humanidade e, em consequência, do próprio planeta, o Criador faz uso de Espíritos fortes para implantar inovações necessárias ao progresso do orbe. Em outras palavras, podemos dizer que das destruições é que nascem as renovações. Na realidade, trata-se da transformação que tem por objetivo a renovação de todos os seres vivos na matéria física. Essa mudança ainda é necessária na Terra por causa do predomínio da imperfeição dos seus habitantes, que somente darão passos renovadores e morais, ao passarem nas fieiras da dor e do sofrimento.

É necessário que tudo se destrua para renascer e regenerar-se, enfatiza Allan Kardec(3), nos dando a entender que, por vezes, sociedades humanas encontram-se estagnadas em seus costumes e tradições que impedem o progresso, necessitando, assim, de criaturas que se tornaram instrumentos com o escopo de levar a liberdade de vivência e de pensamento.

Na Historiografia fica claramente demonstrado que muitos impulsos renovadores da humanidade vieram, a princípio, pelas revelações trazidas por ilustres guerreiros e soldados. Esses fatos ocorriam em razão de possuírem Espíritos fortes que levavam avante o progresso e a evolução, mesmo à custa de suas próprias vidas. Na própria história da Igreja, destacaram-se Espíritos desse escol que foram considerados *santos*, em virtude de serviços prestados. Entre eles podemos destacar São Judas Tadeu, Santo Expedito, São Jorge, Joana D'Arc, Santo Agostinho, São Francisco de Assis, São Sebastião, São Marcelo, o Centurião, e não podíamos deixar de lembrar o insigne São Demetrius. Todos os mencionados, e outros não citados, de um modo ou de outro, foram vinculados aos exércitos de seus impérios, os quais, além de participar de guerras, também faziam vezes de polícia.

CAPÍTULO

II

Demetrius e a Transição

Retornando aos nossos dias, indubitavelmente nosso planeta vivencia momentos de renovação em seus costumes e conceitos, que tem como fim uma renovação moral. É o caminho de um novo ciclo. É a nossa casa Terra passando por mais uma reforma e toda transformação traz sempre aflições, conflitos e transtornos. É o retrato atual de nosso mundo.

Segundo o preclaro e saudoso Francisco Cândido Xavier, orientado pelo seu mentor Emmanuel,(4) o planeta Terra, em sua constituição física, já teve grandes períodos de atividade e de repouso, os quais aconteciam de 260.000 a 260.000 anos, com a finalidade de solidificar os alicerces físicos dessa morada temporária.

Passados esses ciclos geológicos, entrou-se em novas fases cíclicas, desta feita, a cada 60 a 64 mil anos; outras fases foram empregadas na reorganização do pródomo da vida organizada. Logo em seguida surgiu o desenvolvimento de grandes raças que serviram para a evolução dos Espíritos a este orbe vinculados. Em princípio, houve duas raças, cujos traços acabaram se perdendo no tempo em razão de seu primitivismo. Em sequência a essas raças primitivas, surgiram duas outras grandes raças: a Lemuriana, detentora de valores mais altos nos domínios do Espírito e, após mais 28 mil anos, eis que surge o continente Atlântida, com sua raça que percorreu outros mais 28 mil anos, trazendo desenvolvimento tecnológico, intelectual e espiritual. Atualmente, achamo-nos nos últimos períodos da raça ariana.

Assim se localizando, após esses ciclos de reorganização, em meios de ascensão e queda em nível moral, encontramo-nos novamente em fins de mais outros 28 mil anos, vivenciando grandes transformações, fato esse que o Mestre Divino já anunciava há mais de dois mil anos, empregando os vocábulos *final dos tempos* ou *juízo final*.

Identicamente a essa transição que estamos presenciando, há milhares de anos, na Constelação do Cocheiro, destacou-se uma estrela de primeira grandeza, que foi denominada Cabra ou Capela, onde se iniciou um processo de reforma cíclica em um de seus orbes que guarda muita afinidade com o orbe terrestre. Nesse globo, os Espíritos a ele vinculados atingiram condições propícias para maior evolução espiritual. Entretanto, nem todos acompanharam esse patamar evolutivo.[5]

Para se ter uma ideia de sua grandeza, comparando o nosso Sol com Capela, esta é inúmeras vezes maior e, por outro lado, se a Terra fosse colocada em seu lugar, com nossos olhos desarmados, mal seria percebido, pois a distância entre ambos é de aproximadamente 42 anos-luz, e a luz percorre 300.000 quilômetros por segundo.[6]

Como dizíamos, em razão da maioria dos Espíritos ter alcançado uma evolução maior, e outros não acompanharem, houve necessidade de um processo seletivo entre eles. Assim sendo, milhões de Espíritos que não se adequaram às mudanças em suas condutas morais não angariaram condições energéticas compatíveis para continuar naquele orbe planetário. Ficaram incompatíveis energeticamente a formar novos corpos biológicos e espirituais, de maior sutilidade, para prosseguirem reencarnando nele a caminho da perfeição.

Em verdade, todos os planetas e seus habitantes respectivos passam por esse processo seletivo para galgar outros estados de grandeza. Esse procedimento ocorre por intermédio dos Espíritos habitantes que, por sua vez, emitem suas energias referentes ao seu estado evolutivo na aura do orbe, ou seja, na sua psicosfera. Essas intercorrências têm seu mecanismo na física, química e biologia, fenômenos científicos que atuam ininterrupta e progressivamente nessa evolução.

Portanto, nesse momento de transformações planetárias, os Espíritos que não conquistaram para si as energias compatíveis ao novo estágio moral não terão condições de retornar, ficando no espaço por um longo tempo no aguardo de serem atraídos por um planeta que possui energias compatíveis às suas.

No caso do Sistema Capela foi justamente a Terra o planeta que se compatibilizou com as energias densas daqueles Espíritos, que pela força magnética compatível, atraiu essas falanges de Espíritos errantes pelos espaços e os envolveu em sua órbita espiritual e, depois na própria crosta, para que pudessem, em uma nova tentativa, alcançar a moral faltante, desta feita, à custa de grandes sofrimentos.

Assim, em tempos imemoráveis, aqui na Terra onde os marcos geográficos eram diferenciados dos atuais, um desses continentes veio a sobressair pela sua grandeza e ficou conhecido pelo nome Lemúria. Localizava-se em uma grande extensão do hoje Oceano Pacífico. Foi esse continente que recepcionou os milhões de Espíritos errantes, os quais eram detentores de conhecimentos e entendimentos superiores em relação aos habitantes da época aqui na Terra. Tornaram-se mestres e líderes em meio a um povo primitivo, descendente de primatas, com o fim de definirem novos rumos àquelas civilizações, até mesmo primeiras noções de espiritualidade.

Pode-se imaginar que esses degredados, ao se misturarem com as raças primitivas, sentiram que realmente haviam *perdido o paraíso,* pois não encontraram o progresso conquistado em sua última moradia planetária, vindo a pressentir novos caminhos de dificuldades e sofrimentos. Foi justamente essa nova raça que chegou ao nosso planeta e que ficou conhecida por *raça adâmica*, a qual nada tem a ver com a interpretação errônea que se faz a respeito de Adão, como o *primeiro homem*, pois, na realidade, "Adão", em hebraico, *Haadam*, quer dizer "Humano" e não nome próprio de um homem.

O Espírito Demetrius, em companhia de vários outros companheiros de jornada, constituiu-se na vanguarda de uma grande falange desses degredados e, como não poderia deixar de ser, trouxe em sua bagagem espiritual heranças de conquistas intelectuais e culturais. Tinha uma característica que iria carregar em várias reencarnações: sua estatura enorme e força descomunal. Sua procedência, portanto, era desse Sistema Capela, quando da grande transformação que ocorreu naquela humanidade, perdendo condições energéticas para o prosseguimento de sua marcha naquele orbe, que alçava em sua hierarquia espiritual. Faltava para sua adaptação àquele novo mundo o moral não conquistado.

Dessa forma, em um mundo primitivo, esses Espíritos tornaram-se verdadeiros deuses em seus meios, estabelecendo seus conhecimentos, até então, nunca vistos. Em registro do Velho Testamento, confirmam-se esses fatos:... *Ora, naquele tempo havia gigantes na Terra;... os Filhos de Deus possuíram as filhas dos Homens, as quais lhes deram filhos.*(7)

Foi o princípio da caminhada evolutiva da Terra na senda da conquista de um mundo de provas e expiações. Esses degredados traziam em si a necessidade evolutiva do lado moral e que teriam de conquistar, desta feita, em um terreno hostil e inferior.

Esse era o panorama da época, aqui na Terra, encontrado por Demetrius, no vasto continente da Lemúria. Teve a missão de despertar a consciência dos homens para a espiritualidade e o conhecimento da eternidade do Espírito. Era inerente em si o resquício da existência de uma força maior: Deus.

Em suas reiteradas reencarnações nesse continente, sempre encontrou nos novos companheiros de moradia planetária a rudeza e a ignorância primitiva que ombreava às condições animalescas, mas que eram necessárias para o encontro da moral, até então, não adquirida. Trouxe progresso para a humanidade que se encontrava estagnada no primitivismo.

Depois desse trabalho reformador que levou milhares de anos e diversas reencarnações, a humanidade conquistou importantes mudanças sociais que se faziam necessárias, bem como o planeta ficou com um panorama completamente diferente, em consequência dos continentes terem sofrido grandes modificações geográficas. Em virtude dessas transformações, a sua falange de Espíritos exilados reencarnou no Egito antigo, levando crescimento e riqueza a essa nação, com vestígios concretos até os dias atuais. Suas caminhadas por essas terras não serão narradas nesta obra.

Porém, muito tempo depois, em uma de suas encarnações já na Era Cristã, mais precisamente no século X, na hoje chamada Indochina, foi que seu Espírito deu um avanço maior nos conhecimentos espirituais, ao ser discípulo de Bagawan Sri Ramatis, ou Swami Sri Rama Tys, Espírito também imigrante do mesmo sistema planetário, mas com uma bagagem espiritual bem maior que a conquistada por Demetrius. Foi o princípio de sua verdadeira iniciação nas escolas espiritualistas avançadas. Na realidade, o nome Ramatis era, em sua época, uma designação de sua hierarquia e dinastia espiritual, pois Rama era o nome que se dava à própria divindade: o Criador.

No século IV, esse Espírito Ramatis, (8) já havia se destacado dos outros caminheiros do Oriente, em razão dos conhecimentos que trazia na bagagem espiritual. Por várias reencarnações trouxe para a Humanidade revelações importantes da espiritualidade, em um trabalho preparativo para galgar degraus evolutivos na família cósmica.

Desde sua infância demonstrava uma inteligência fulgurante que seria repassada como estímulo às almas desejosas da verdade. Percorreu os primeiros passos de aprimoramento na área da Filosofia e da Religião em terras da China. Depois se transportou para a Índia onde ergueu um templo iniciático, ligado a uma colônia espiritual aqui do Ocidente, assim, criando uma atmosfera de maior Espiritualidade para nosso planeta Terra.

Muitos dos seus discípulos conseguiram alcançar a chamada *Túnica Azul Espiritual*. Em outras palavras, energias mais purificadas, os quais se encontram reencarnados, na atualidade, dando continuidade ao sublime trabalho de reforma da Humanidade. Vários deles estão no Brasil, alguns imigrados da Europa em razão desse continente encontrar-se no fim de sua grande missão civilizadora social, porém, não espiritual, e outros espalhados pelas Américas e outros, ainda, pela Ásia. São os precursores da nova Humanidade do terceiro milênio cristão. São todos os Espíritos ligados ao comando da colônia espiritual denominada Fraternidade da Cruz e do Triângulo. Essa fraternidade é o resultado da fusão ocorrida no século XX, entre a Fraternidade da Cruz, com ação no Ocidente, trabalhando na divulgação do Cristianismo e da Fraternidade do Triângulo, ligada à iniciática do Oriente, sendo Ramatis um dos fundadores.

A fusão realizada no Espaço trouxe para a Terra extraordinários benefícios, pois os mentores orientais estão atuando no Ocidente e, por sua vez, mentores ocidentais, levando o Cristianismo ao Oriente. É o sentimento de fraternidade entre Oriente e Ocidente e o intercâmbio de ideias e perfeita identificação de sentimentos no mesmo labor espiritual, embora se diferenciem os conteúdos psicológicos de cada hemisfério. Os orientais são meditativos, passivos e desinteressados da fenomenologia exterior; os ocidentais são dinâmicos, objetivos e estudiosos dos aspectos transitórios da forma e do mundo dos Espíritos.

Esses Espíritos se caracterizam por ser universalistas, antissectários e simpatizantes de todas correntes filosóficas e religiosas. Dentre esses, alguns já desencarnaram, entre eles, o professor e grande médium Hercílio Maes, que psicografou inúmeros livros de Ramatis.

Os mais capacitados lograram êxito e poderes na esfera da fenomenologia mediúnica, por meio de dedicado aprimoramento de seus corpos espirituais, como o domínio de levitação, ubiquidade, vidência e psicografia. Mas o principal toque pessoal que Ramatis desenvolveu em seus discípulos, em virtude de compromisso que assumira com a Fraternidade do Triângulo, foi o pendor universalista, a vocação fraterna e crística para com todos.

Retrocedendo novamente no tempo, quando de sua reencarnação na então Atlântida, continente que abrangia parte do Oceano Atlântico, desde a costa da atual Flórida e se estendendo até as Ilhas Açores, Canárias e Madeira, há aproximadamente 28.000 anos, Ramatis foi contemporâneo do Espírito que mais tarde ficou conhecido pelo pseudônimo Allan Kardec, e que, na época, era profundamente dedicado à matemática e às chamadas ciências positivas. Posteriormente, em sua passagem pelo Egito, no tempo do faraó Mernefta, filho de Ramsés, teve novo encontro com Kardec, que era, então, o sacerdote Amenófis.

Pregava para seus discípulos, já naquela época, a imortalidade da alma e sua purificação, a qual ocorreria através de sucessivas reencarnações. Seus ensinamentos buscavam acentuar a consciência do dever e da autorreflexão. Mostrava tendências nítidas de espiritualizar a vida material. Nesse convite à espiritualização incluía-se o cultivo da música, da matemática e da astronomia.

Em outra vestimenta carnal foi o grande filósofo e matemático Pitágoras (570-496 a.C.) e, no período de 40 a.C. a 30 a.C., fez nova caminhada física encarnando o filósofo judeu responsável pela famosa Biblioteca de Alexandria: Filon de Alexandria. Igualmente, encarnou como Koot-Humi, mestre da Fraternidade Universal que, posteriormente, foi um dos mentores de Helena Petrovna Blavatsky (1831-1891), a fundadora da Sociedade Teosófica.

Uma das mais expressivas existências de seu Espírito foi em terras da Indochina, há mil anos, onde vestiu carnalmente um sacerdote budista, como atualmente se apresenta, desencarnando jovem por já ter cumprido, até então, sua missão.

Esse Espírito de escol dilatou para a Humanidade planetária as bases salutares da Doutrina Espírita, ciência experimental que desbrava a prometida, milenarmente, Vida Espiritual e os contatos entre esses dois mundos, diferenciados apenas pelas suas dimensões energéticas. Por derradeiro, continua em sua missão de ampliar aos seres humanos conhecimentos a cada dia mais profundos, com revelações importantes que ultrapassam os limites da Luz, a caminho da perfeição.

CAPÍTULO

III

Demetrius e a Ilha Rhodes

Iniciaremos a epopeia do Espírito Demetrius que vai ao encontro de outros importantes Espíritos que carregavam o mesmo alvo: o poder e a riqueza. Reencarna em berço de ouro e em palácios de poderosos e chega a ser rei. Era oportunidade de pôr em prática os compromissos assumidos na Espiritualidade, no sentido de desbravamento de terras com o fim de levar novas culturas e liberdade a povos oprimidos. Adquiriu a força, o poder e o orgulho, desvirtuando, até certo ponto, os compromissos assumidos. O Criador respeita o livre-arbítrio de cada um, levando em conta que tudo vale pela experiência que se trilha. Por outro lado, conhece também o gosto amargo da derrota para aguçar o seu discernimento.

Era preciso entender que toda existência na carne é sempre um estágio com começo, meio e fim. O começo é, na realidade, o retorno; o meio são as oportunidades redobradas para o reequilíbrio; o fim, a busca da perfeição. Assim sendo, não mais usar as expressões: nascer e morrer mas, sim, chegar e partir, porque todos são oriundos da Pátria Espiritual.

Neste capítulo vamos dar continuidade a outra jornada terrestre do nosso personagem Demetrius. Estamos nos situando em 357 a.C., ano em que ocorreu a conquista da Ilha de Rhodes, centro econômico mais importante do mundo antigo. Seu conquistador foi Mausolus, da Halicamassus, região da Ásia Menor. Rhodes localiza-se na ponta sudoeste da Ásia Menor onde o Mar Egeu encontra-se com o Mediterrâneo. A sua capital foi construída, possivelmente, em 408 a.C. e foi projetada para tirar proveito do melhor porto natural da ilha. Nessa capital existe a tumba de Mausolus, construída em 353 a.C. por sua esposa, a rainha Artemísia, e considerada uma das sete maravilhas do Mundo Antigo.(9)

Artemisa II, irmã e esposa do rei Mausolo, mandou construir o maior e mais suntuoso túmulo de todas as épocas. Sua base era de mármore e bronze, com revestimento em ouro. A obra ficou pronta em

352 a.C. No alto da construção viam-se as estátuas do rei e da rainha. Artemisa morreu antes de ver o mausoléu terminado. Fragmentos desse monumento são encontrados no Museu Britânico, em Londres, e em Bodrum, Turquia.

Posteriormente, por volta de 340 a.C., essas terras caíram nas mãos dos Persas, que ficaram no poder por apenas oito anos, quando foram invadidas e conquistadas, definitivamente, por Alexandre, o Grande, isso em 332 a.C. Ocorreu que Alexandre foi acometido por uma doença desconhecida que o levou à morte (323 a.C.), e então, seus generais lutaram entre si com o interesse de ter o poder dessas terras. Por fim, três deles se sobressaíram: Ptolomeu (Ptolemy), Seleuco (Seleucus) e Antíoco (Antigous), os quais dividiram o reino.

Nessa época, após a divisão, os rhodianos passaram a apoiar o general Ptolomeu, que ficou fortalecido e conquistou o Egito, descontentando Seleuco e, mais profundamente, Antíoco, que se sentiu traído do acordo outrora estabelecido.

Nesse clima de ódio e vingança por parte de Antíoco, cresceu seu filho, tornando-se um forte guerreiro. Tratava-se de Demetrius, o qual, seguindo seus instintos, saiu à luta contra o general Ptolomeu, agora também imperador do Egito. O propósito da luta era mais de castigar o povo da ilha de Rhodes, em razão do apoio que deram a Ptolomeu. Assim, Antíoco, do lugar em que se encontrava, enviou seu filho Demetrius ao comando de um exército de 40.000 homens. Só para se ter uma ideia, esse exército era maior que a própria população de Rhodes.

Ptolomeu sabendo dos planos do seu colega general, doravante seu inimigo, determinou que fossem erguidas muralhas altas para proteger a cidade das pretensas invasões. Foi aí que, apesar do grande exército que possuía Demetrius, veio a encontrar dificuldades para invadir a cidade, quando, então, com seu espírito guerreiro, construiu uma torre, tendo como base seis navios, com altura das muralhas e com patamares que chegassem de encontro com as paredes, para facilitar a invasão.

O trabalho de conclusão das mesmas foi longo e árduo, porém, antes de serem usadas na invasão, uma tempestade as destruiu, fracassando o plano.

Seu espírito guerreiro não o desanimou e construiu uma segunda torre, desta vez mais resistente, com quase cento e cinquenta pés de altura e setenta e cinco quadrados de base. Foi equipada com tanques de água como proteção contra as tropas de arqueiros com suas flechas com fogo. Desta feita, foi montada no solo e com rodas férreas para serem movimentadas até aos muros.

Mas Demetrius apenas se preveniu das possíveis tormentas da natureza e não esperava uma nova estratégia dos *rhodianos, que construiram fossos profundos do lado externo das muralhas*, o que impediu a torre gigante de se aproximar das muralhas para os soldados alcançarem o interior da fortaleza. Com todo esse tempo perdido, possibilitou que uma frota de navios do Egito chegasse a tempo de impedir o ataque de Demetrius, que se retirou com seu exército deixando a enorme torre na ilha.

Para celebrar a vitória e a liberdade do povo de Rhodes, foi derretido todo bronze existente nas máquinas de guerra deixado por Demetrius e foi construída uma estátua gigante em homenagem ao deus *Apolo* ou *Helios*, deus do Sol e protetor da cidade, que ficou conhecido como o Colosso de Rhodes. Era representada por um guerreiro grego que erguia com a mão direita uma tocha. Nessa construção foi usada a enorme torre abandonada como andaime e ela foi construída junto ao porto principal da ilha, tendo por altura 150 pés e possuía 50 pés de base. Era tão grande que os navios passavam por baixo dela para chegar ao porto da ilha. Foi erguida por volta do ano 280 a.C. e sua construção levou 12 anos.

A pose ostensiva da estátua durou apenas 56 anos. Em 224 a.C. foi atingida por um terremoto que a desmoronou, e partes dela ficaram por séculos caídas junto ao porto. O povo da ilha teve medo de reconstruí-la, pois se acreditava que o deus Hélios não havia aprovado a homenagem. Posteriormente, Rhodes foi conquistada pelos árabes, que retiraram, definitivamente, os destroços da estátua.

Nessa vivência no corpo energético mais denso que revestiu, o Espírito Demetrius registrou fracasso, pois em nossas vidas sucessivas nem sempre saímos vencedores. Na realidade, os fracassos servem como alertas para nossas fraquezas, para podermos superá-las, e sempre servirão como experiência e degraus para o cultivo da humildade. Entretanto, a sua personalidade guerreira continuará evidenciada nos próximos episódios, com grandes conquistas e aprimoramento das sociedades.

CAPÍTULO

IV

Demetrius, o Guerreiro

A mudança da personalidade de um Espírito é deveras difícil, pois requer muito trabalho e dedicação. Igualmente, reporta-se a evolução do planeta, que fica sempre subordinado às mudanças de seus próprios habitantes. A perfeição da habitação está sempre relacionada com a perfeição do habitante.(10)

Bem, vamos aos fatos importantes na trajetória do Espírito Demetrius nessa encarnação. Por volta do ano 334 a.C., o filho de Filipe da Macedônia, Alexandre, o Grande, já era senhor da Grécia. Em 332 a.C., funda Alexandria, cidade que viria a converter-se em um dos grandes focos culturais da Antiguidade. Em 327 a.C., derrota Davi, rei dos persas, reinando também nessas terras. Seu ideal era unir a cultura do Oriente à do Ocidente. Alexandre, como guerreiro, foi um dos poucos que conseguiu definir novos cursos na história da humanidade.(11)

Alexandre ainda empreendeu inúmeras guerras, conquistando cidades e mais cidades, aniquilando tropas e mais tropas, matando reis e mais reis, chegando aos confins da Terra. Aumentou suas riquezas em patamares elevados, silenciando todas as nações diante de suas crueldades com os conquistados. Reuniu um imenso exército e impôs seu poderio e tributos elevados.

Conforme já dissemos, Alexandre foi acometido por uma doença desconhecida e sentiu que a morte se avizinhava. Em razão disso, convocou seus familiares e seus mais fiéis generais, repartindo entre eles o império. Isso ocorreu quando já havia reinado por doze anos consecutivos. Na Babilônia, no ano 323 a.C., a morte física chega.

Como era seu desejo, cada qual teve parte do reino. Todos seguiram os passos do rei e obtiveram mais conquistas. A crueldade e ódio entre os povos não tinham fim. Da herança desse império surgiu, por volta do ano 315 a.C., uma raiz de maior pavor entre os povos: Antíoco Epífanes.

Nessa época, muitos filhos de Israel abandonaram suas tradições e se juntaram aos gentios, pois já não aguentavam mais as perseguições e mortes que sofriam em razão de suas crenças. Assim, voltaram a adotar os costumes pagãos e edificaram estátuas aos seus deuses. A maioria deixou de praticar suas tradições.

Tendo seu reino se consolidado, Antíoco Epífanes manifestou o desejo de conquistar outro grande império: o Egito. Assim, reinaria nos dois maiores reinos. Organizou um poderoso exército com carros, elefantes, cavalos e investiu contra Ptolomeu, rei do Egito, o qual, tomado de pânico diante do poderio que avançava, fugiu. Com mais essa conquista, as riquezas aumentavam à custa de milhares de mortes pelo fio de espadas.

Após ter derrotado o exército do Egito, regressou a suas terras anteriores e, contrariando um acordo existente, atacou Israel. Milhares de judeus foram massacrados. Em seguida, subiram à cidade santa, Jerusalém, e penetraram cheios de orgulho no santuário sagrado e apoderaram-se de toda riqueza dos altares.

Os judeus sobreviventes cobriram-se de vergonha por terem deixado a antiga aliança com Deus e se apegado aos costumes gentios. Perderam suas mulheres e seus rebanhos. Os conquistadores construíram uma grande e sólida muralha, com possantes torres, tornando a cidade uma fortaleza. Muitos judeus abandonaram Jerusalém e ela se tornou uma cidade estranha aos seus próprios filhos. A maioria era de estrangeiros. O templo ficou um deserto, seus dias de festa se transformaram em dias de luto; seus sábados, em dias de vergonha e desonra. Os livros da lei, quando encontrados pelos gentios, eram queimados em público.

Por edital o rei Antíoco Epífanes determinou que todos os conquistados formassem um único povo e um único costume, os dos pagãos. Assim, novamente, muitos de Israel adotaram tais costumes, e aqueles que não aceitaram refugiaram-se em asilos vizinhos para não seguir os costumes pagãos.

Dessa turba de refugiados, um se destacou e se levantou contra os gentios: Matatias, sacerdote da família de Joarib, que veio se estabelecer em Modin. Tinha cinco filhos: João, apelidado Gadis; Simão, alcunhado Tasi; Judas, chamado Macabeu; Eleazar, cognominado Avara; e Jônatas, chamado Afos. Era grande conhecedor das práticas cruéis dos pagãos contra Judá e Jerusalém. Milhares de israelitas refugiados uniram-se a Matatias e o seguiram.

Novamente restituíram a aliança constituída pelos seus antepassados com Deus, ou seja, procuraram perseverar na Lei e nos Mandamentos. Aos poucos, começaram a influenciar os judeus que ficaram em Jerusalém a não mais obedecerem às ordens do rei. Os que assim procederam, para não morrerem, refugiaram-se nas montanhas próximas e se juntaram a Matatias.

Em represália a esses acontecimentos, o rei, de imediato, pelejou contra os próprios judeus que ficaram em Judá e Jerusalém ao seu comando e sacrificaram, impiedosamente, mais de mil homens e mulheres. Era sábado, dia sagrado para eles.

Matatias, das montanhas, procurou regimentar outros grupos de judeus distantes dessas ações, como os Assideus, homens valentes e guerreiros. Assim, formou-se um exército forte que seguira as leis israelitas, mas sem se deixar ser sacrificado. Os grupos percorreram o país e todos os altares pagãos que encontravam pelo caminho eram destruídos. O tempo passou sem que o rei conseguisse encontrar Matatias, mas este veio a morrer. Tomou o seu lugar um de seus filhos, Judas, chamado Macabeu, ou seja, Martelo. Este, revoltado desde sua juventude, tinha um único desejo: vingar seu povo. O período dos Macabeus durou 40 anos e suas lutas foram para combater os generais sírios em defesa de Jerusalém.

Tomando o comando de um enorme exército, primeiramente saiu a pelejar contra os traidores de suas tradições e a todos gentios que encontrava pelo seu caminho, massacrando-os sem piedade. Suas conquistas ecoavam por todas as terras e os reis de outras nações tremiam diante de seu nome.

Quem tentou desafiá-lo foi Apolônio, governador da Samária, que convocou todos gentios para uma grande peleja contra Israel. Judas, ao saber dessa notícia, antecipou-se e saiu ao encontro de Apolônio, derrotando-o e milhares caíram mortos aos seus pés. Apoderou-se de todas as riquezas dos gentios conquistados, bem como a própria espada de Apolônio, da qual fez uso em todos outros combates.

Quando o rei Antíoco Epífanes soube da progressão de Judas, com grandes vitórias sobre seus comandados, encolerizou-se terrivelmente. Reuniu todas as forças do reino e formou, também, um exército poderosíssimo. O comando foi confiado a Górgias, um de seus melhores guerreiros. Este, de imediato, pôs-se a caminho durante a noite para surpreender os judeus em seus acampamentos, mas Judas acabou sabendo da artimanha de Górgias, preparou uma armadilha e conseguiu vencer aquele poderoso exército, sempre com milhares de mortes e crueldade, assim, ganhando, mais uma batalha.

Com essas notícias, o rei Antíoco Epífanes ficou profundamente perturbado e triste, caindo doente. Chamou Filipe, seu amigo, constituiu-o regente de todo seu reino e a responsabilidade de educar e guiar seu filho, também de nome Antíoco. O rei morreu no ano 301 a.C.

Assim, Filipe elevou ao trono Antíoco, filho do rei morto, que havia educado desde a infância, e a quem ele dera o nome de Eupator. No ano 150, após construir novas máquinas de guerra e ajuntar-se com outros reis e com tropas de mercenários, atingiu um exército de cem mil infantes, vinte mil cavaleiros e trinta e dois elefantes. Estava pronto para uma nova guerra. O seu comandante era Lísias.

Atravessaram a Idumeia e acamparam defronte a Betsur, onde combateram algumas cidadelas. Ao amanhecer, impetuosamente as tropas partiram em direção a Betzacara. Lá se encontravam os guerreiros de Judas, os quais, ao longe, ouviam o ruído da marcha de milhares e milhares de homens e, quando o sol brilhava sobre os escudos de ouro e bronze do exército que avançava, resplandeciam como que iluminadas por milhares de lâmpadas. Uma parte das tropas do rei se espalhou sobre as colinas e outra na planície, caminhando com precaução e em boa ordem.

Judas, assustado com o grande poderio que avançava, retirou-se com seus comandados de Betzacara e refugiou-se na cidade santa, Jerusalém. Os inimigos perseguiram e sitiaram esta cidade por longo tempo, a qual resistia heroicamente por causa de suas enormes muralhas. Com o longo tempo de sítio em derredor das intransponíveis muralhas, começou a faltar víveres nos celeiros em ambas as partes. Lísias reconheceu que o lugar que sitiava era deveras forte. Reconheceu também que seu exército enfraquecia. Foi quando ardilosamente estendeu as mãos aos judeus em uma pretensa paz e, ao enviar seus generais para tratar da paz com os judeus sitiados, quebrou a palavra inicial, pegando de surpresa os inimigos, que tiveram de se render, e suas muralhas foram destruídas.

No ano 301 a.C., Demetrius, filho de Seleuco IV, governador de determinada parte da Síria, conhecido por Filopátor, escapou de Roma, onde era refém de guerra juntamente com vários companheiros. Após determinado tempo, conseguiu formar um exército e dirigiu-se à sua terra natal, Síria, com destino ao palácio real de seus pais, do qual o exército de Antíoco Epífanes, seu tio, juntamente com Lísias, havia se apoderado. Ambos foram mortos e ele ocupou o trono que lhe cabia.(12)

Diante dessa conquista, os traidores e ímpios de Israel, com a chefia de Alcimo, grande pretendente a tornar-se sumo sacerdote, foram a Demetrius e acusaram Judas e seus irmãos de terem matado amigos desse rei. Em razão dessas acusações, Demetrius envia seu fiel amigo, Báquides, juntamente com o incrédulo Alcimo, já nomeado sumo sacerdote, e deu-lhe ordem de tomar vingança dos filhos de Israel.

Um forte exército partiu a caminho de Judá e, lá chegando, enviaram a Judas e a seus irmãos, com palavras de paz capciosas, soldados de seu comando. Um grupo de escribas foi ter com Alcimo e Báquides, pois diziam entre si: "É um sacerdote da raça de Aarão que vem a nós com exército, ele não nos fará mal algum".

De sua parte o sacerdote Alcimo trocou com eles palavras de paz e lhes jurou: "Não faremos mal nem a vós, nem a vossos amigos". Acreditaram neles, mas estes quebraram a palavra e, de surpresa, derrotaram o exército e Judas conseguiu fugir.

Mais uma vez, massacre e crueldade. Espalharam a carne e o sangue dos mortos ao redor de Jerusalém e não havia ninguém para sepultá-los. O assombro e o terror apoderaram-se do povo. Báquides confiou a terra conquistada às mãos de Alcimo e, deixando-lhe um exército para garantia de governo, regressou para junto do rei Demetrius.

Refugiado, Judas conseguiu novamente reunir grande número de homens e voltou a atacar Alcimo, que, segundo informações que obteve, era pior que os próprios gentios. Agora, mais enfraquecido com a partida de Báquides, acabou por abandonar a todos e fugiu para não ser morto por Judas.

Demetrius, ciente do que ocorreu com Alcimo, enviou outro guerreiro, desta vez Nicanor, general eminente, que detestava e odiava Israel, com a ordem de exterminar esse povo. Mas também este caiu nas mãos de Judas e foi morto. Com essa nova vitória o povo ficou mais confiante e alegrou-se. Para relembrar esse dia festivo, passou-se a celebrar, a cada ano, o dia treze do mês de Adar. Por fim, a terra de Judá esteve tranquila por algum tempo.

Nesse período Judas obteve informações de que os romanos eram extremamente poderosos e se mostravam benevolentes para com seus aliados. Diante disso, enviou seus mensageiros para estabelecer amizade entre os povos e, ao mesmo tempo, pedindo que libertassem do jugo dos gregos, com os altos impostos. Os romanos aceitaram e se uniram em forças.

Com o passar do tempo, Demetrius soube da morte de Nicanor e da aniquilação de parte de seu exército. Resolveu enviar, pela segunda vez, Báquides e Alcimo à terra de Judá, com a poderosa ala direita de suas tropas.

No primeiro mês do ano 300 a.C. colocaram cerco a Jerusalém, depois se apartaram e foram a Berzet com 120 mil homens e dois mil cavaleiros. Judas estava acampado em Elasa com três mil homens de escol e, ante o número considerável de seus adversários, foram tomados de pânico e muitos se retiraram do acampamento e ali ficaram não mais que 800 homens. Verificando a dispersão de seu exército e a iminência do combate, sentiu seu coração angustiado, porque já não tinha tempo de reunir novamente seus guerreiros e, mesmo assim, saiu para o combate, prevendo que havia chegado sua hora e morreria corajosamente.

O combate se prolongou desde a manhã até à tarde. Foi extremamente violento de ambos os lados. Judas caiu morto e todos os outros fugiram. Judas foi enterrado no sepulcro de seus pais em Modin. Todo o povo de Israel caiu na desolação e o chorou longamente. Outras façanhas de Judas não foram escritas, mas, com efeito, eram numerosas.

No ano 292 a.C., Alexandre Epífanes, também filho de Antíoco, ocupou a cidade de Ptolemaida e foi proclamado rei. Demetrius, sabedor dessa conquista, ficou receoso e tentou conquistar a amizade de Jônatas, que havia reorganizado Israel e crescia novamente em seu poderio. Seu pensamento era unir-se a ele antes que o próprio Alexandre o fizesse.

Destarte, enviou-lhe carta convidando à paz e dando total liberdade, inclusive de constituir seu exército, bem como outras regalias referentes a impostos e taxas. Jônatas veio então a Jerusalém e leu a mensagem diante do povo, que, por sua vez, ficou tomado de grande medo, pois conhecia Demetrius e as aflições que impôs aos judeus.

Ocorre que Alexandre, também tomando conhecimento dessa carta, não perdeu tempo e imediatamente aliou-se aos judeus e proclamou Jônatas sumo sacerdote de Israel, outorgando-lhe o título de amigo do rei. Assim, desprezaram a pretensa paz de Demetrius.

Com essa aliança, Alexandre Epífanes fortaleceu-se, reunindo um grande exército e indo ao encontro de Demetrius. Os dois reis travaram um combate sangrento, mas o exército de Demetrius não resistiu e fugiu. Perseguidos, muitos morreram, inclusive Demetrius. Era o fim de seu reinado.[13]

Era também o fim de uma existência aqui na Terra que, por vezes, muitos sonham em ter na vida física: poder e riqueza. Tanto um como outro são condições de experiências válidas, porém deveras perigosas, por esquecer que tudo que se recebe são posses momentâneas para o teste de desapego e da humildade, condições ímpares para a conquista da luz para o Espírito. Justamente nesses ambientes facilitadores do apego material é que o Espírito se perde na prepotência e no orgulho, fixando a mente somente na estreita visão física e abrindo-se portas largas para obscurecer o Espírito.

Como a maioria, Demetrius também se esqueceu de que ao renascer recebe-se somente uma vestimenta temporária, que reveste o Espírito imortal para experiências e conquistas de progresso e evolução a caminho do Criador. Mas Deus conhece os seres humanos e sempre abre as portas para novas investidas nesse ideal, tendo ele outras oportunidades de encontrar esse caminho. Aguardemos, pois, desta feita, será com vistas a outras conquistas: as do aprimoramento espiritual, pois suas experiências anteriores abriram campos energéticos para esse fim.

CAPÍTULO

V

Demetrius, Advento de Jesus

Estamos vivenciando, por ora, em terras do domínio romano: Belém da Galileia. Região dos hebreus e dos chamados *descendentes de Davi*. Palco de muitos conflitos, principalmente de crenças entre pagãos e judeus. Nessa época transcorria a adolescência de um menino idêntico a tantos outros de Sua idade, mas que se sobressaía pelas suas manifestações de saber e de persuasão pela palavra. Completara 12 anos de idade e, por várias vezes, fora visto na sinagoga ensinando as escrituras. Discutia com escribas e deixava fariseus abismados. Seu nome era Jesus, filho do carpinteiro José.

Por sua inteligência fora dos padrões da época, despertou interesse aos chamados *iniciados*, os quais se dedicavam a estudos profundos em filosofia, astronomia e ocultismo. Os familiares foram alertados sobre o prodígio do menino e que precisava ser preparado para sua missão quando adulto. Com a autorização de José, foi encaminhado para esses estudos, que eram considerados secretos, aos quais só tinham acesso pessoas que demonstravam possuir conhecimentos mais avançados dos tidos como normal. Assim, recluso em um mosteiro, passou sua juventude e parte do Seu estado de adulto em estudos espirituais e de conduta da mais elevada moral.

Com o passar do tempo, quando já muitos nem se lembravam mais do menino sábio, eis que Jesus retorna ao convívio de Seus pais e da sociedade local. Contava com 30 anos de idade. Durante os aprimoramentos recebidos dos mestres da época, expandem-se seus graus mediúnicos, ele firma contatos com a espiritualidade superior e relembra por completo Sua missão na Terra, com seus irmãos amados, a humanidade.

Inicia sua missão doutrinária com a certeza das dificuldades que iria encontrar pela frente, por causa da imperfeição dos Homens. Mais que certeza, tinha convicção de que todas as revelações novas requerem do missionário tolerância e sacrifício. A sua não seria exceção. Vários Espíritos foram preparados para colaborar nessa reforma substancial, mas eles iriam encontrar dificuldade ao se revestirem com o corpo físico, por ser este mais denso em energias que o corpo espiritual, o que traria maiores entraves para lembrar dos comprometimentos assegurados na Espiritualidade em participar na divulgação.

A Humanidade já vinha sendo preparada há muitos séculos para esse momento que iria marcar novo ciclo evolutivo para a Terra com chegada daquele que seria o *Salvador*.

Sua presença era impressionante. Ao mesmo tempo, imperioso, humilde e de mansuetude. Sua tez era morena clara e ostentava um porte físico saudável e esbelto; os cabelos longos e castanhos amendoados, com os olhos da mesma cor e com grande penetrabilidade. Seus traços eram evidentes de um típico nazareno, ou seja, judeus que faziam votos de conservação em pureza perfeita, adotando a castidade, a abstinência de bebidas alcoólicas e a conservação de sua cabeleira.[(14)] Exemplos dessa conduta foram Sansão, Samuel e João Batista. Ao se aproximar de Jesus, sentia-se Seu galardão espiritual. Sua presença inspirava respeito e emoção. Quantos foram receptíveis às suas virtudes espirituais!

Por várias vezes Jesus chegava até pessoas desconhecidas, mas, ao mesmo tempo, como já predestinadas, Ele pedia para segui-Lo, no que era atendido de imediato, deixando seus afazeres rotineiros para trás.

Houve uma exceção; a de um mancebo rico de bens materiais que, lamentavelmente, não atendeu ao Mestre.[15] O momento foi sublime, mas Jesus, conhecedor dos Homens, espera o amadurecer de cada um para colocar a mão na charrua e segui-Lo.

Jesus já não tinha mais condições de conviver com seus pais, José e Maria. Caravanas de peregrinos chegavam de toda parte e muitos já não retornavam para suas cidades de origem e seguiam o Mestre Divino. Buscavam-No de dia e de noite. Muitos desses, com o tempo, após receberem aprendizados diretos do Mestre, saíam de dois em dois, a pregar a nova doutrina. Eram chamados *Os do Caminho*.

Bem, a doutrina de amor e de perdão que emanava dos lábios doces de Jesus era aceita por todos aqueles que realmente procuravam algo mais que o paganismo não oferecia. Entretanto, não foram os pagãos que apareceram no caminho do Cristo de Deus, mas as altas autoridades sacerdotais da época. Pregavam a busca de Deus por meio de práticas materiais, nas quais envolviam, como sempre, o poder econômico. Distanciavam cada vez mais o ser humano de Deus.

A nova doutrina pregada pelo Cristo trazia ao povo o desapego aos sacrifícios aplicados milenarmente. Os criadores de pombas e ovelhas especiais, isto é, brancas e sem defeitos, sentiam-se prejudicados financeiramente com a queda dos sacrifícios tradicionais. O prejuízo era grande. O templo já não recebia público como antes. Os comerciantes do templo e os sacerdotes não aceitavam essa intromissão de Jesus às suas tradições. As reclamações cresceram muito no Sinédrio. A alta cúpula tomou posição de combater a doutrina de Jesus e, para tanto, planejaram frequentar os discursos do Mestre a fim de encontrar fatos que poderiam contrariar as Leis Mosaicas e as Tradições para condená-Lo.

Desse modo, iniciou-se perseguição Àquele que trazia a Verdade e a Luz para a Humanidade. O Evangelho foi plantado nos corações e nas almas daqueles que estavam com a seara preparada e faminta de *Boas-Novas*.

CAPÍTULO

VI

Demetrius, um Amigo de Jesus

Transcorria o 18º ano do Império de Tibério, imperador bom e justo. Nesse período, o grande comércio era de escravos e Roma aparentava possuir mais escravos que a própria população. Era comum a comercialização deles em praças públicas. Foi em uma dessas feiras que o tribuno Marcellus Gallio, filho do senador romano Gallio, conhecedor profundo dos bons vinhos, estava à procura de um escravo em uma das praças do império e encontrou-se com Calígula, até então, herdeiro e regente do velho Imperador Tibério, com o qual já havia tido alguns entreveros. Desta feita, em leilão de um escravo em praça pública, Marcellus dá lance maior e adquire o escravo, passando Calígula para trás. Novo desentendimento entre ambos e a inimizade cresce. O escravo em questão era Demetrius, um grego de Coríntios, possuidor de um corpo físico enorme e formoso. É o nosso personagem.

Se de um lado Marcellus teve problemas ao encontrar-se com Calígula, de outro, foi muito feliz, pois encontrou Diana, a sua namorada da adolescência. Recordaram-se das juras de amor que fizeram antes de se separarem em virtude de seus estudos e a entrada para o exército romano, onde conseguiu chegar ao cargo de tribuno.

Marcellus era tribuno leal a Roma e de maior confiança do Imperador Tibério, em razão de suas conquistas para o império. Entretanto, no meio político do palácio as coisas não iam bem para Marcellus, por causa das interferências de Calígula contra sua pessoa. Foi assim que acabou sendo indicado para servir como tribuno a uma cidade considerada pelos romanos como problemática. De um lado havia conflitos com o império por recusarem seus habitantes a pagar tributos baixados por Roma e, por outro, os vários conflitos de crenças entre pagãos e judeus. Era Jerusalém, na Palestina.

Despediu-se de sua amada Diana e prometeu retornar para se casarem. Embarcou com destino a Jerusalém tendo como companhia o seu fiel escravo Demetrius. Noites longas em alto-mar, com pensamentos voltados para Roma e outros na cidade desconhecida para si. Na viagem recebeu mais notícias de Jerusalém, como sendo um lugar de constantes rebeliões e muitas pestes.

Por fim, angustiado e esgotado, chegou a Jerusalém. Ao pisar em suas terras teve maus pressentimentos em seu íntimo. Não sabia decifrá-los. Era semana dos preparativos da maior festa dos judeus: a Páscoa. Concomitantemente, entra nessa cidade uma grande multidão, com cânticos e salvas, como se fossem para um rei. Traziam em suas mãos palmas e as colocavam ao chão para que a pessoa que o povo ovacionava passasse sobre elas.

Esse homenageado não estava em uma biga e muito menos em um trono carregado por escravos. Montava simplesmente em um jumento. Os gritos que soavam na voz do povo eram: *Hosana nas Alturas; O Cristo de Deus; O Filho de Deus; O Rei dos Judeus.* Era o chamado domingo de Ramos, como conhecemos hoje.

Marcellus e alguns soldados que vieram recepcioná-lo pararam e observaram aquela figura ímpar. Um centurião aproximou-se de Marcellus e lhe disse que se tratava de Jesus de Nazaré, mais um revolucionário da região.

Logo atrás de Marcellus e do pelotão de soldados, outra figura dos nossos relatos caminhava a pé e igualmente para e fica estático a observar Aquele que o povo aclamava. Era Demetrius. Ficou impressionado com o quadro que se desenrolava aos seus olhos. Jesus, ao passar por ele, fez uma breve parada e fitou-o nos olhos. Não saiu qualquer palavra de seus lábios, mas ele ouviu em seus ouvidos: "Segue-me!" Demetrius sentiu um torpor em sua alma. Teve a impressão de que já O conhecia, mas não se recordava de onde. Não entendia o Seu convite.

Os dias passam e já agregado ao meio social local Demetrius acompanha o "corre-corre" do povo com os preparativos festivos da Páscoa dos judeus. Sente, nesse meio festivo, vibrações de alegria e, ao mesmo tempo, de tristeza. Não entende o porquê, mas pressente que algum acontecimento está para ocorrer. Nas rodas de conversação entre judeus fala-se no Messias que chegou e que será o Rei dos Judeus. Não entende muito o que dizem, porém ouve também falar em milagres, como cochos que andam, cegos que voltam a enxergar e mortos que ressuscitam. Fica atônito com o que viu em Jesus e o que ouve Dele. Sua admiração e atração por Jesus aumentam.

Por outro lado, na residência de seu patrão, este lhe diz que a situação está crítica e preocupante por causa das queixas que chegam ao governo pelos membros do Sinédrio, acusando Jesus de revolucionário por estar provocando movimentos preocupantes nas ruas e, ao mesmo tempo, o chamam de rei. Por fim, recebe notícia do tribuno que abala sua mente. Este, atendendo o sumo sacerdote local, determinou ao seu centurião e aos soldados do Sinédrio que procurassem e prendessem o agitador Jesus.

Com essas notícias, Demetrius se desespera, pois não via naquele homem nenhum agitador ou criminoso. Sai às ruas à procura Daquele que havia lhe tocado o coração. Precisava avisá-Lo desses fatos e do perigo que estava correndo. Tinha em mente que não teria dificuldade em encontrar Aquele que grande multidão a cercava. Entretanto, não foi o que aconteceu. O povo receoso com os rumores que corriam de boca em boca, de que prenderiam Jesus e todos Seus seguidores, por serem considerados revolucionários, nada informavam.

Já é noite. Demetrius está cansado, mas não desiste e continua a sua busca por informações sobre Jesus. Precisa encontrá-Lo e evitar uma grande injustiça. Pelas ruas escuras de Jerusalém, na penumbra da noite, em um beco escuro e úmido, encontra um homem debruçado ao chão, chorando desesperadamente. Aproxima-se condoído do homem e indaga a respeito de Jesus. Este, ao ouvir o nome de Jesus, num único impulso levanta-se do chão e com o rosto transtornado, coloca ambas as mãos ao rosto e se desespera.

Após alguns minutos, contorcendo-se e chorando, responde: "Nesta hora Jesus deve estar perante Pôncio Pilatos, pois aquele que se sentava à Sua direita O traiu". Demetrius se entristece e envolve-se também em desespero e raiva e pergunta aquele homem:

"Qual o seu nome?" E tem como resposta: "Judas". Em seguida, cambaleando e transtornado, segue pela escuridão, até Demetrius perdê-lo de vista.

Demetrius retorna esmorecido à residência e encontra o tribuno Marcellus nervoso e fica sabendo que o governador, Pôncio Pilatos, chamou-o com urgência ao palácio. A apreensão de Demetrius aumenta por já saber do que se tratava.

Para Marcellus, apesar dos relatos benéficos que vinham de outras terras a respeito de Jesus de Nazaré, tinha em mente o que todos os romanos tinham: mais um opositor ao império romano que se destacava do grupo no qual Barrabás era o líder bárbaro e homicida. Tenta persuadir Marcellus desse engano e pede que interfira por Jesus. Este, por sua vez, argumenta que o fato é grave e pode abalar o império romano por se tratar de alguém que o povo diz ser rei. Na realidade, Marcellus se encontra em momentos difíceis, entre o sentimento que lhe aflora, a razão e o dever de uma profissão.

Presente no palácio, Pôncio Pilatos enaltece Marcellus Gallio e dá-lhe a notícia de que Roma está lhe requisitando de volta, em razão da interferência política de seu pai, o senador Gallio, com o Imperador Tibério. Entretanto, primeiro teria de cumprir uma missão importante ao império. Pilatos, então, discorre que Jesus foi preso e que, diante da pressão do Sinédrio, já havia julgado e condenado o Nazareno. Por considerar um dos tribunos mais digno de confiança do império romano, Pilatos lhe incumbe essa grande missão, que seu íntimo nunca queria receber: Crucificar Jesus e mais dois ladrões.

Antes de Marcellus se retirar para cumprir o determinado, Pôncio Pilatos faz-lhe uma confidência: "Estou deveras preocupado com meu julgamento; minha esposa foi contrária à condenação que impus a Jesus e prediz dias difíceis para mim". Marcellus cora e, cabisbaixo, se retira sem pronunciar uma só palavra. Seu coração entristece. Era a primeira crucificação de Marcellus.

Respeitando as determinações, parte para o cumprimento, pois era fiel tribuno ao império romano. Recebe das mãos dos soldados do Sinédrio o suposto revolucionário Jesus de Nazaré. Em primeiro contato com o detido, seu íntimo forte e orgulhoso recebe um *choque vibratório*, tendo em vista não encontrar no prisioneiro características de revolucionário, ou seja, traços de homem forte, rústico e violento. Na realidade, tinha à sua frente um homem de aparência suave e inofensiva, não impondo qualquer reação. Pelo contrário, apresentava afeição branda e serena. O prisioneiro inspirou-lhe compaixão pelo que já havia sofrido nas mãos dos soldados impiedosos a serviço do Sinédrio.

Mesmo assim, contrariando seu íntimo, fez os preparativos para a execução de Jesus. Tomou os cuidados de praxe, entre eles, um pelotão especial de guarda para garantir o êxito do trabalho confiado, tendo em vista informações recebidas de que o preso gozava de grande carisma junto à população. Esperava manifestações que poderiam dificultar a execução; porém, mais uma surpresa ressentiu em sua alma ao presenciar um fato contrário das informações. As manifestações populares eram de apoio à condenação daquele homem que de nada reclamava ou se opunha.

Outra preocupação de Marcellus era com Demetrius, seu escravo, que era simpatizante do condenado e, sempre que podia, defendia-o e dizia que Jesus era inocente. Todavia tolerava sua conduta pelo sentimento que carregava por ele, mas evitava que se propagasse essa sua tolerância fora do ambiente privativo.

Com a prisão de Jesus, os discípulos, atordoados pela situação criada pelos sacerdotes judeus, fogem amedrontados e confusos, com exceção do amigo do coração, João, filho de Zebedeu e irmão de Tiago, que acompanhava e consolava a viúva Maria de Nazaré em todas essas dolorosas andanças.

Sexta-feira, período da manhã. O sol acalentava mais os ânimos de todos. Sai às ruas um pelotão de soldados tendo como centurião Quinto Cornélio, supervisionado pelo tribuno Marcellus, que cavalga em seu cavalo inquieto, e logo atrás Jesus carregando uma enorme cruz de madeira. O peso do mundo está sobre ela. O povo aguarda ruidosamente o início da caminhada para o Calvário, monte designado como o campo da morte. A agitação era grande. Os mais exaltados dirigiam palavras infamantes ao condenado à cruz. A maldade e covardia que praticavam contra Aquele que somente veio trazer o Amor e a Paz eram grandes.

Jesus, calado, seguia Seu destino sem qualquer reação. A caminhada dolorosa prosseguia entre chibatadas e ofensas. Marcellus reparou que entre a multidão ruidosa e fanática alguns se diferenciavam e, ao contrário, com as mãos no peito e a cabeça erguida aos céus, bradavam intercessão de Deus ao supliciado. Entre esses estava Demetrius, que seguia o trajeto e a tudo observava.

Demetrius não entendia a razão dos Homens e indagava de seu íntimo: Onde estavam os discípulos de Jesus que há muito O seguiam e a grande multidão que O aclamava? Ele, que não havia tido contato direto com Jesus e Seus ensinamentos, sentia-se mais próximo Dele que qualquer outro discípulo. Lembrava agora daquele olhar profundo de Jesus que o chamava a segui-Lo. Aí estava, realmente, a segui-Lo de perto no Seu calvário. De vez em quando perpassava seu olhar à procura dos discípulos de Jesus e não os encontrava, com exceção de João, que caminhava amparando

Maria, debruçada em seus braços, chorando o infortúnio de Seu filho. Demetrius tinha a alma amargurada e não encontrava resposta para tudo isso.

Jesus, todo flagelado, cai pela primeira vez. Mais açoites nas costas. Reunia todas as forças que ainda Lhe restavam, levantava-se e continuava a trilha pedregosa para cumprir Sua missão que ninguém entendia.

A trajetória dolorosa parecia não ter fim. Por um impulso íntimo, Marcellus interfere e impede novos flagelos ao condenado que sofria e não reagia nem reclamava. Essa conduta ímpar lhe perturbava a consciência e o levava a se interrogar intimamente: Quem era esse homem que sofria calado com os insultos do povo e a condenação injusta? Não encontrava resposta. Vagamente lembrou-se de Demetrius, que insistia em afirmar que Jesus era inocente. Indagava como poderia um homem que somente praticava o amor ao próximo estar nessa situação? Não tinha resposta. Tudo isso lhe machucava o orgulho e a vaidade que um tribuno carregava. Não entendia o porquê desse conflito interno.

De repente, Jesus cai pela segunda vez. Os soldados, desobedecendo às ordens do tribuno, carregam com novos açoites nas costas do condenado. Antes que Marcellus interferisse novamente, eis que Demetrius sai do meio da turba e arranca o chicote das mãos do soldado impiedoso e derruba-o ao chão. Demetrius recebe um violento soco na nuca e cai desmaiado. Jesus a tudo vê.

Ao chegarem, com muito custo, no ponto culminante do monte, foi determinado o isolamento de todos que seguiam o condenado com receio de que alguém pudesse tentar interferir em suas determinações. Cumpria um trabalho que o governador da Judeia, Pôncio Pilatos, lhe confiara. Apesar desses estranhos sentimentos que lhe acometiam, ficou aparentemente indiferente aos estampidos da marreta sobre os cravos que eram fincados no corpo quase desfalecido de Jesus.

Percebendo que tudo estava correndo plenamente em ordem, cede aos apelos dos parentes e amigos do crucificado e concede que se aproximem do sítio dos fatos. Presencia, o pranto doloroso da mãe do Crucificado que lhe marca profundamente.

Depois de certo tempo, Demetrius, que se encontrava desmaiado no meio do percurso ao Monte Calvário, acorda aos cuidados de uma senhora cristã que cuidou de seus ferimentos na nuca. Pergunta se já é noite. A cristã responde que não, mas trata-se de um dia incomum, pois é meio-dia e a cidade está na penumbra. Demetrius se levanta ainda atordoado e, ao longe, vê sobre a montanha três cruzes levantadas. Desespera-se e chora. Reúne suas forças e caminha em direção ao cume do monte. Observa entristecido algumas mulheres e um seguidor chorando aos pés da cruz. Ao fundo, atrás da cruz de Jesus, Marcellus e os soldados disputavam jogo de sorte como passatempo.

Demetrius se aproxima aos pés da cruz de Jesus e em determinado momento o tribuno Marcellus lhe pede para que recolha o manto vermelho que está no solo junto à cruz e lhe entregue. Aproxima-se mais do manto e, apesar de possuir um porte físico invejável, perde as forças e cai de joelhos aos pés Daquele que o mundo não reconheceu e que exalava os últimos suspiros. Não compreendia tamanha injustiça que se cometia. Lentamente apanha o manto e entrega ao centurião Quinto Cornélio, que o joga ao chão no meio dos soldados e diz que irão disputar com quem ficará a única posse de Jesus: o manto. Esse quadro vivo e doloroso nunca mais iria sair da sua mente.

Marcellus também participa do jogo de sorte. Os dados rolam sobre o próprio manto e, por ironia do destino, o tribuno ganha o manto. Demetrius o apanha do chão e carinhosamente o dobra. Marcellus percebe que está acontecendo um fato ímpar em sua vida. Seus atos são contrários ao seu sentimento. Apesar de ser um profissional experiente, descontrola-se com todos aqueles acontecimentos. Seu íntimo lhe cobra sua conduta perante aquele Homem. Em seguida, lentamente, caminha à frente da cruz e percebe que Jesus agoniza. Demetrius o acompanha. Nuvens negras se aproximam do monte e algumas faíscas de raio riscam o céu. Nesse instante, dos lábios de Jesus se ouve: *Pai, perdoa-lhes, pois não sabem o que fazem.*(16) Um soldado cruel abre-Lhe o lado esquerdo com uma lança e esvai-se o restante de sangue e água do seu corpo retalhado. Gotas de sangue respingam nas mãos de Marcellus. Assusta-se. Seu coração dispara e dá a impressão de se partir. Aquelas palavras não paravam de ecoar em sua mente e lhe trouxeram um drama de consciência: remorso.

O tempo se fecha por completo. Os ventos uivam e assolam o monte em forma de tempestade. O tumulto generaliza-se. Os soldados abandonam seus postos com medo. O corre-corre do povo, até então, endurecido com seus corações, o apavora; o momento torna-se um completo caos. Inesperadamente, sem controle de si, sussurra aos ventos: "Verdadeiramente, esse era o Filho de Deus".

São os últimos a se retirarem do local. Marcellus pede a Demetrius que cubra sua cabeça com o manto para protegê-lo da chuva forte que caía. Ao receber o manto sobre a cabeça, sente uma agonia terrível e implora a Demetrius para retirá-lo, pois não conseguia fazê-lo. Não quer mais se aproximar do manto, diz que está com maldição. Demetrius responde que ele matou um inocente e está com drama de consciência.

Por outro lado, Pilatos, nas noites subsequentes à sua decisão, não consegue dormir e o pouco que dorme tem pesadelos horríveis. Os dias são longos e penosos para ele; sua mente carrega o remorso e suas mãos queimam, obrigando-o a todo instante a lavá-las.

No dia seguinte, Marcellus e Demetrius retornam a Roma como foi determinado pelo Imperador Tibério. Diana recepciona Marcellus e percebe que ele está doente e não consegue relembrar dos acontecidos em Jerusalém sem se descontrolar. Afirma que não consegue dormir com pesadelos que lhe lembram os sofrimentos de Jesus. Acha que está louco. Sente o sangue de Jesus em suas mãos. Também sente a necessidade de lavá-las a todo instante.

Apresenta-se a Tibério e este quer saber tudo o que aconteceu em Jerusalém e se preocupa com o estado de saúde de seu tribuno. Os sábios de César, ao se inteirarem sobre os relatos de Marcellus perante Tibério, afirmam que todo o mal está no manto, que este está com maldição. O imperador dá uma carta de livre acesso para todo o império a Marcellus, com o propósito de encontrar e destruir o manto.

Com esse poder, sai de Roma e vai para a cidade de Canaã, onde, segundo informações de mercadores, está Pedro, o *Grande Pescador* e amigo de Demetrius, pois este, revoltado com tudo que acontecera a Jesus, o abandonou. Depois de intensa busca acaba por localizar Pedro e este o leva até Demetrius, agora um cristão devotado e de confiança.

Acreditando na maldição do manto, ao encontrar Demetrius, de imediato, pede o manto com a intenção de destruí-lo. Demetrius, sabendo o que se passava no íntimo de Marcellus, apresenta o manto, porém este se afasta com medo e com a ponta de sua espada levanta o manto e o leva em direção ao fogo para queimá-lo. Quando já o tinha suspendido pela sua espada, o manto escorrega da lâmina da espada e cai sobre seu rosto. Num ato de desespero, aperta-o junto ao rosto e chora copiosamente desabafando todo seu remorso sobre ele.

Diante desse acontecimento, Marcellus percebe que não tem mais medo e sente-se renovado. Ele tem inteira convicção de que Jesus interferiu e retirou-lhe o medo e o remorso e, assim, passa a seguir Pedro e Demetrius nas reuniões cristãs e apreende a doutrina Daquele que levou a cruz.

Não sente mais vontade de retornar a Roma e torna-se simples e humilde, abandonando seu galardão de oficial. Porém, eis que certo dia aparece no acampamento dos cristãos um pelotão de soldados sob o comando de um centurião inimigo de Marcellus e ataca-os, matando um dos cristãos. Marcellus sai à frente dos soldados e do centurião e mostra-lhe a carta de César dando-lhe inteiro poder. O centurião ri e diz que Tibério está morto e tem instruções de Calígula, o novo imperador, para prendê-lo. Entram em luta com suas espadas e Marcellus derrota o centurião de Calígula, mas não o mata. Diante desta atitude, respeita Marcellus e se retira com os soldados.

Os dias passam e a intranquilidade aumenta por conhecerem o novo imperador Calígula. Eis que um portador de Diana, vindo de Roma, chega ao acampamento com a notícia de que Demetrius fora preso por soldados romanos durante uma viagem que fazia. Conta, ainda, que ele vem sofrendo torturas intensas para revelar a Calígula onde Marcellus se encontra. Este de imediato parte para Roma usando armadura de tribuno, levando consigo mais dez cristãos fortes para ajudá-lo.

Conhecedor de entradas laterais do palácio, chega à prisão sem muita dificuldade, onde derrotam os soldados que lá estavam e retiram Demetrius, inconsciente de tanto sofrimento. Fogem em uma carruagem. São perseguidos e, para despistar os soldados, Marcellus sai dela e se entrega. Demetrius e outros cristãos conseguem escapar.

Apresentado ao Imperador Calígula, seu inimigo de tempos atrás, com uma explanação eloquente perante a corte imperial, confirma sua nova crença: o Cristianismo. Nesse momento histórico de sua vida, num desenrolar de segundos, vivencia em sua mente todo aquele processo doloroso que aplicou Àquele que veio trazer a luz à Humanidade e que fora o executor de sua vida. Nesse instante sublime de testemunhar sua fé, amparado pela Espiritualidade maior, não hesita e recusa renunciar ao Cristo. E num êxtase de empatia perante o imperador Calígula, ressente em seu Espírito o que o Mestre sentiu perante sua pessoa, seu algoz, no momento da condenação.

Calígula mostrou-se atordoado pelo que ouvia e, ainda, a decisão de Diana, a sua pretendida para se casar, em morrer com Marcellus, seu verdadeiro amor. Demonstrando total descontrole, em voz alta, condena-os à morte dizendo, jocosamente: "Vocês que dizem não existir a morte, então vão agora para ela e para o vosso Deus".

Marcellus e sua amada Diana seguem para a execução de cabeça erguida, mas antes Marcellus entrega a um cristão de confiança que lá se encontrava como serviçal o manto que lhe mudou a crença e a vida. Assim, partiu para a luz ao encontro de Jesus com um único desejo: pedir perdão.

Nessa mesma noite, Calígula não conseguiu dormir e se perturbou cada vez mais por lembrar que ambos não temeram a morte, o seu maior pavor.

Os fatos são verdadeiros e Demetrius teve participação durante e após o desenrolar do suplício de Jesus. Por sua coragem conquistada em vidas passadas, foi o único a defender Jesus quando todos sentiram medo e se ocultaram. É nas horas mais difíceis que se conhece o amigo. Demetrius teve presença marcante na comunidade da Nova Doutrina e definitivamente foi convertido pelo discípulo Pedro, que não se continha em relembrar sua coragem junto Dele, o que lhe faltou por três vezes ao negar Jesus. Pedro agora fortalecido em sua fé, leva luz a todos os corações aflitos pelos acontecimentos, inclusive o de Demetrius, que ainda procurava respostas. Explica que tudo assim tinha de se passar para que o Mestre mostrasse ao mundo a verdadeira vida, por meio de Suas aparições que vieram a ocorrer em várias oportunidades, aumentando e unindo os cristãos.

Demetrius torna-se membro de confiança dos cristãos primitivos, os chamados *do Caminho*, tanto que João (Evangelista), uma das testemunhas de sua proeza, confia-lhe uma carta para ser encaminhada a Gaio, que levava palavras de fortalecimento aos cristãos de outras localidades.[(17)]

Em todo ser humano sempre haverá um momento na vida no qual seu íntimo será tocado e o fará abraçar novos rumos em busca das verdades de nossa existência. Como ocorreu com o maior apóstolo do Cristianismo, Paulo de Tarso, que passou de perseguidor implacável a seguidor do Cristianismo pelo qual veio a morrer. Para Marcellus havia chegado esse momento: de executor do Cristo, veio a morrer pelo Cristo.

CAPÍTULO

VII

Demetrius e o Manto de Jesus

Marcellus Gallio e Diana renunciaram a tudo, inclusive às suas próprias vidas, pelo Cristianismo e foram sacrificados. Os corpos físicos sem vida são retirados por Pedro, Demetrius e alguns companheiros cristãos e levados às catacumbas de Roma e lá sepultados. Aliás, esse lugar era onde *Os do Caminho* se reuniam para estudo e divulgação das *Boas-Novas* deixadas por Jesus a todos àqueles sequiosos de aprendizado. Demetrius, agora discípulo de Pedro, destaca-se na fé e no testemunho. Foi um dos poucos que seguiram as pegadas do Mestre até a crucificação. A narrativa daqueles momentos cruciais passados por Jesus era sempre solicitada pelos novos cristãos que chegavam ao grupo de Roma. Pedro dizia àqueles que o seguiam: Demetrius esteve lá.

Bem, como já vimos, Demetrius era grego de Coríntios e tornou-se prisioneiro de guerra em Roma. Foi comprado como escravo por Marcellus, tribuno de confiança de Tibério, Imperador de Roma, e o comandante da execução de Jesus. Foi o responsável pela conversão ao Cristianismo de Marcellus e da namorada dele, Diana.

No meio da comunidade cristã, tolerada pelos romanos, Demetrius conheceu a jovem Lúcia, suave e linda, por quem se enamorou. Com a morte de Tibério quem sobe ao trono é Calígula, novo Imperador de Roma. De personalidade desequilibrada e tresloucada, queria ser deus, igualmente a tantos outros deuses da mitologia greco-romana.

Naquela época, após a crucificação de Jesus, corria pelo império a indagação sobre quem teria ficado com o manto do supliciado. Um manto confeccionado artesanalmente, sem costura e de cor vermelha. Até então, sabia-se que esse manto havia sido disputado em jogo de sorte e quem acabou por ganhar foi justamente Marcellus, o executor de Jesus e proprietário de Demetrius. Esses fatos aconteceram em momentos de penumbra e vendaval que se alastravam pelo Monte do Calvário logo após a execução do Mestre Divino. Na realidade, quem recolheu o manto aos pés da cruz e o entregou a Marcellus foi seu escravo Demetrius.

Como já vimos, Marcellus torna-se cristão por influência de seu escravo e de sua namorada, Diana. Para Calígula esse ato foi de traição; assim, condena-o à morte, juntamente com sua namorada Diana. Marcellus antes de ser executado entrega o manto a um cristão e esse entrega a Pedro que, por sua vez, entrega a Demetrius antes de fazer uma longa viagem para a divulgação do Cristianismo, nome esse que ele próprio e Paulo difundiam. Com exceção de certos cristãos, ninguém ficou sabendo sobre o paradeiro do manto.

Após a execução de ambos, Calígula ficou muito perturbado porque os condenados não demonstravam qualquer medo diante da morte. Foi consultar seu tio Claudius que tinha informações a respeito da caminhada de Jesus e dos Seus ensinamentos. Indagado a respeito desse destemor da morte, Claudius discorre que é em razão de nova fé trazida por Jesus de Nazaré que diz: *Quem crê em mim, ainda que morra, viverá.*[(18)] O imperador, furioso com o que ouvia e não aceitando a resposta de Claudius à sua questão, puxa seu punhal e encosta no coração dele e pergunta: "Você acredita que não vai morrer?" Claudius responde que ele tem razão e que o Nazareno está errado. Assim, não o mata e se retira.

Alastrava-se a crendice de que o manto tinha poderes mágicos e poderia até "ressuscitar mortos". Essas notícias não tardaram a chegar aos ouvidos de Calígula, que lamentava não possuir o manto a fim de adquirir a Vida Eterna e nunca morrer. Bradava para seus súditos em voz alta e ameaçadora: "Tenho em minhas mãos a vida e a morte de qualquer pessoa do meu império; sou um deus". Assim, era temido por todos.

Diante dessa sua ambição, oferece a quem apresentar o manto uma recompensa de 20 moedas de ouro e foi mais longe, designou um pelotão de soldados, comandados por centurião, a sair à procura do manto. Prometeu, se caso de não retornassem com o manto, que todos morreriam.

Com toda essa preocupação, os soldados partem para as comunidades do império e vasculha tudo à procura do manto. Eis que estão em uma aldeia de cristãos onde se encontra Demetrius e sua namorada Lúcia. No interior da casa de Lúcia está o manto. Quando o comandante segue em direção à casa, Lúcia, para desviar a atenção, sai correndo pela aldeia e ele a persegue, momento em que Demetrius entra na casa e esconde o manto. Em seguida, furioso, parte em defesa de Lúcia, que já se encontrava nas mãos do seu perseguidor.

Demetrius e o decurião entram em luta corporal; porém logo é dominado quando chegaram vários soldados e o encaminharam perante o juiz da corte para ser julgado por agressão a um oficial.

Demetrius afirma ao magistrado não ser escravo, e sim, artesão. Entretanto, não tinha qualquer documento que pudesse comprovar sua liberdade e seu patrão havia morrido. Assim, foi condenado a treinar para a arena. Essa condenação é o mesmo que ser condenado à morte, pois as lutas são sempre "matar ou morrer". Na realidade, a prisão é uma escola de gladiadores, a mais famosa do reino é de propriedade de Claudius, tio de Calígula. Os gladiadores tinham tudo do melhor, desde alimentação, roupas e divertimentos com mulheres. Tudo era preparado da melhor forma para se morrer.

Quando abraçou o Cristianismo, prometeu não mais matar, mas, como sempre, por seu porte físico, era elogiado e muito requisitado. Mesmo assim negava-se a lutar. Na prisão fez amizade com Glycon, gladiador de estatura maior e mais forte, que também trazia em seu íntimo simpatia pelo Cristianismo.

Certo dia, na escola, durante os treinos dos gladiadores, comparece a esposa de Claudius, Messalina. Era conhecida por suas muitas aventuras amorosas fora do matrimônio. Cresce nela a paixão por Demetrius, mas este se esquiva. Revoltada e maldosa, determina ao mestre da escola que na festa no palácio, que seria realizada dia seguinte, Demetrius lute com seu próprio amigo Glycon.

As ordens foram preparadas e no dia seguinte cumpridas como determinadas. Glycon e Demetrius, contrariados, vão para a arena e lutam dissimuladamente, porém, o público começa a vaiar a luta. Glycon manda que Demetrius lute para valer, senão serão mortos a mando do imperador. Diante de tal situação, a luta passa a ser dramática para ambos os lados, até que Demetrius consegue, inacreditavelmente, derrubar e desarmar seu adversário muito mais forte. Calígula determina a execução do derrotado com seu sinal tradicional: polegar virado para baixo.

Demetrius levanta a espada como quem vai cumprir o determinado, mas joga-a no chão e se nega a matar. Calígula, furioso por ser contrariado, ordena a retirada de Glycon e manda soltar os tigres famintos. A espada de Demetrius é retirada pelos soldados que lhe dão somente um punhal. Sai da jaula o primeiro tigre que ferozmente ataca Demetrius, e este, luta corpo a corpo com o animal e mata-o.

O imperador, não satisfeito com o que viu, manda que soltem mais três tigres e o gladiador invencível mata-os também, ficando gravemente ferido pelas garras dos animais.

Os soldados do imperador ficam impressionados com a força e a coragem de Demetrius e vibram muito com sua vitória e, por outro lado, vibram com a derrota do imperador nessa sua malévola investida.

Messalina não esperava essa atitude do imperador e, arrependida, recolhe Demetrius ao palácio onde, com seus cuidados, se recupera bem.

Os dias passam rapidamente com os preparativos para a grande festa em homenagem ao imperador, tendo como pano de fundo as lutas dos gladiadores.

Como era costume, dias antes das lutas programadas, os gladiadores tinham direito a se divertir com bebidas e mulheres. Lúcia, namorada de Demetrius, veio a conhecer uma mulher que frequentava o interior do palácio e por intermédio dela conseguiu adentrar no recinto reservado para essa festa, em lugar de outra. Lúcia encontra-se com Demetrius, que fica preocupado com sua presença naquele ambiente. Seguia a festa. Os gladiadores bebiam e se divertiam. No auge da festa, Dardanius, o gladiador vencedor de muitas lutas, aproxima-se de Demetrius e chama a atenção de todos ao dizer: “Sabem, os cristãos seguem os preceitos de Jesus são todos covardes, pois quando tomam um tapa no lado direito do rosto, oferecem o outro lado”. Em seguida, inesperadamente, desfere um tapa no rosto de Demetrius. Quando Demetrius ia reagir, seu amigo Glycon toma a frente e com um soco derruba Dardanius. Ambos são separados e a festa continua.

Messalina, entretanto, enciumada com a presença da namorada do seu amado, manda retirá-lo da festa, alegando que não irá mais lutar no dia seguinte. Assim, não precisa mais ficar nesse recinto. Demetrius reage, pois Lúcia iria ficar à mercê de todos. Porém, é dominado por vários soldados e colocado em uma cela ao lado do salão. Sem qualquer condição de interferir, presencia Dardanius se apossar de Lúcia com intenção de possuí-la sexualmente. Demetrius desespera-se e, entre lágrimas, pede a Jesus que interfira em defesa de Lúcia. Nesse momento, Lúcia desfalece nos braços de seu algoz. Há certa tensão e preocupação em todos. Lúcia é retirada desse ambiente por Strabo, chefe dos gladiadores, aparentando estar morta. Algumas mulheres gritam: "Ela morreu; ela morreu!". Demetrius, chorando, revolta-se e blasfema contra Deus.

No dia seguinte, completamente transtornado com os acontecimentos do dia anterior, decide perante todos os gladiadores que vai para a arena enfrentar o algoz de Lúcia: Dardanius. Sua personalidade guerreira retorna ao seu consciente. Seus nervos e músculos sobressaltam ao relembrar dos tempos de guerra e dos seus sofrimentos de quando prisioneiro. Mais uma vez esquece-se de Deus e de Jesus.

Chega a data festiva em homenagem a Calígula. O palco era a arena particular do imperador. A plateia era de súditos, soldados, convidados ilustres e grande multidão do povo. A expectativa era enorme com a nova decisão de Demetrius em lutar na arena para enfrentar Dardanius. Revestido com as armaduras e segurando na mão direita uma enorme espada, segue para o centro da arena. Sente-se novamente um guerreiro. Ambos os lutadores trocam olhares de ódio e raiva. Seu adversário aproxima-se com sorriso sarcástico e avança com suas armas: uma rede e uma lança comprida. Demetrius agilmente se esquiva de seu algoz, como um hábil guerreiro, surpreendendo Dardanius e a todos que assistiam à luta. Demetrius contra-ataca com seu braço forte. Era luta de vida ou morte. Ele estava descomunal e após sucessivos ataques derruba seu adversário e mata-o.

Calígula, vendo o que não acreditava, determina que outros gladiadores adentrem na arena e enfrentem Demetrius. Este, incontrolável, mata vários gladiadores seguidamente. O povo delira, os soldados vibram e o comandante oficial, Cassius Chaerea, adentra na arena e se dirige a Calígula com as seguintes palavras: "Nunca Roma viu um gladiador tão valente". Em seguida, publicamente, pede sua liberdade e diz que o quer como um pretoriano. Calígula, esticando o braço direito ao alto, mostra o polegar para cima, ou seja, concede o pedido. Demetrius, já não mais se lembrando de Jesus, saúda o imperador. Com a morte de Lúcia perde a fé e torna-se mais uma vez pagão.

Com essa sua nova conduta, procura Messalina e se entrega às bebidas e ao apego carnal. Messalina era adoradora da deusa Ísis, protetora de Roma, e, em seu íntimo, carregava somente ambição e a maior era ver seu marido, Claudius, tio de Calígula, imperador.

Demetrius agora é ídolo do exército romano e do povo e, com o tempo, o nosso personagem torna-se mais venerável que o próprio Calígula. Cresce o ciúme de Calígula, que se transtorna cada vez mais. Tem delírios e visões que atribui à deusa Diana. Ganha descrédito total de seus súditos, que carregam medo de sua crueldade.

Pedro, ao receber notícias sobre a nova conduta de Demetrius, vai até o Templo de Vênus, onde tem ficado com Messalina, e encontra seu ex-discípulo, o qual, carregando ódio no coração em razão do que acontecera com Lúcia, destrata Pedro e afirma a sua descrença em Jesus. Messalina, vendo a intenção de Pedro em tentar que Demetrius retorne ao Cristianismo, interfere e o expulsa do palácio.

Por esse tempo a descrença do povo aumenta, o Cristianismo cresce e várias estátuas dos deuses de pedra são destruídas nas praças públicas. Calígula determina maior perseguição aos cristãos. Milhares são aprisionados e muitos são levados para a arena à mercê de leões e tigres famintos, como sua diversão. Durante esses sacrifícios, aumentava mais o delírio de Calígula, que gritava ao léu: "... eles cantam perante a morte...", não entendendo esse destemor que tinham os cristãos. Calígula tinha medo da noite e pavor da morte.

Messalina vai ao imperador e leva a notícia de que Pedro, discípulo de Jesus, encontra-se em Roma, e que ele esconde o manto. Para aumentar o desequilíbrio do imperador, inventa que Isis revelou no templo que ele é deus e que o manto vai lhe trazer a Vida Eterna. Tresloucado com o que ouvia, de imediato, desta feita, determina a Demetrius que busque por toda parte o manto de Jesus. Assim, atendendo à determinação do imperador, vai direto para uma aldeia cristã onde encontra Pedro e pede para lhe entregar o manto e, desmerecendo-o, diz que na realidade trata-se de um pedaço de pano sem qualquer valor. Pedro atordoado com o que presenciava concorda em entregar o manto, mais para que fossem evitadas mais mortes de soldados, conforme prometera Calígula.

Pedro entendia o que se passava no íntimo de Demetrius: a pouca fé e, também, uma outra luta dentro de si, a do bem e do mal. Na verdade, é o que ocorre com os seres humanos que ainda carregam a pouca fé e, por qualquer percalço, perdem a pouca fé que possuíam. Portanto, Pedro permite que o próprio Demetrius adentre no casebre e apanhe o manto que procura. Receoso do que ouvia de Pedro, abriu a porta do casebre e teve um grande impacto em todo seu corpo ao ver sobre uma cama, inconsciente, a sua namorada, Lúcia.

O manto de Jesus cobria-lhe o corpo e as mãos, e junto ao peito, segurava-o. Com as pernas enfraquecidas caiu de joelhos e chorou sobre o manto. Pedro, em seguida, entra no recinto e explica que naquele dia no palácio Lúcia não havia morrido, mas sim, ficado em estado de choque por intervenção de Jesus, para livrá-la do seu algoz. Demetrius, ao ouvir esse relato, se desespera mais pela sua pouca fé e por blasfemar contra Jesus e, com suas lágrimas caindo sobre o manto, ora em favor de Lúcia.

Nesse momento ímpar, como desprendido do corpo físico, volta ao tempo em que presenciou a crucificação de Jesus. Relembra que ao se ajoelhar aos pés daquele injustiçado ouviu dos lábios do Mestre: "Pai, perdoai-lhes, pois não sabem o que fazem". Desta vez, com esse retorno, recolhe o manto, chora sobre o mesmo e pede perdão a Jesus. Nesse instante retorna ao leito de Lúcia, que ainda está com sua cabeça mergulhada no manto sobre seu corpo. Percebe que uma mão acaricia-lhe a cabeça. Ao levantá-la, vê Lúcia desperta e com seu sorriso sereno dando graças pelo retorno de seu amado. Ambos em pranto se abraçam e Demetrius promete a Pedro que nunca mais duvidará de Jesus, agora, seu divino e eterno Mestre.

Pedro, vendo que seu discípulo estava recomposto em sua fé cristã, apanha o manto e entrega a Demetrius para que este o leve para Calígula, dizendo-lhe que não haverá qualquer perigo com esse ato. Na verdade esse fato devia se cumprir para que as coisas se restabelecessem em seus devidos lugares.

Demetrius, acompanhado de seu pelotão de soldados retorna ao palácio e entrega o manto a Calígula que, admirado e ao mesmo tempo temeroso, apanha o manto e diz a Demetrius para aguardá-lo, retirando-se. Imediatamente, acompanhado de um centurião, dirige-se até o calabouço e lá, ao encontrar o primeiro preso acorrentado, determina para seu centurião matá-lo.

O soldado, mesmo apavorado com o que ouvia e não entendendo o porquê dessa determinação, cumpre e executa o preso. Mais apavorado fica quando Calígula levanta o manto com as mãos sobre o cadáver do preso e diz: "Levanta-te! Eu te ordeno". Vendo que nada acontecia e o preso continuava morto, volta furioso ao encontro de Demetrius, quando, então, joga o manto ao chão e diz aos gritos que havia sido enganado e que o manto não tinha poderes, pois havia matado um preso e esse não reviveu. Demetrius, ao ouvir essa tragédia, tenta matar Calígula e é preso pelos soldados fiéis ao imperador.

No mesmo instante Calígula determina que Demetrius seja levado para a arena e que lute com o chefe dos gladiadores, Strabo, o invencível para ele. Na verdade seu desejo era matá-lo naquele momento, mas não podia, pois correria o risco de um levante do exército.

Na presença de todos, demonstrando a conquista da verdadeira fé, Demetrius perdoa Calígula. Já no centro da arena e na presença de Strabo, que bradava sua espada para lutar, Demetrius joga sua espada ao chão e não luta, porquanto não queria tirar a vida de mais ninguém. Aproveitando esse ato de Demetrius, pelas costas, Strabo dá-lhe um soco em sua nuca e ele cai no chão. Quando se preparava para matá-lo com a espada, os soldados se revoltam e uma lança é cravada no peito de Strabo e outra atinge o peito de Calígula. Ambos morrem.

Os soldados festejam com suas espadas apontadas para o alto e aos gritos proclamam: "Viva Claudius, Novo Imperador de Roma!". Em seguida, um soldado tira a coroa da cabeça de Calígula, já morto, e a coloca na cabeça de Claudius".

O novo imperador Claudius, ao se apresentar ao povo, em seu discurso enfatiza: "Fizeram-me César, mas não sou nenhum deus", referindo-se às loucuras de Calígula. Voltando-se para Demetrius, promete que os cristãos não serão mais perseguidos.

Na realidade o Cristianismo gozou de um tempo de trégua. Messalina esquece Demetrius e volta para seu marido, agora Imperador de Roma, nutrindo a ambição que tinha.

Demetrius abandona o poder e a riqueza que havia adquirido como pretoriano e deixa Roma. Ao descer as escadarias do palácio para sua nova caminhada, encontra Glycon e Pedro, que o aguardavam. Pedro, sorrindo para Demetrius, dá a entender que já sabia que todas essas coisas teriam de acontecer, e Glycon, orgulhosamente, carregava em suas mãos o Manto de Jesus, o ápice de todos esses acontecimentos.[19]

CAPÍTULO

VIII

Demetrius, Perseguidor de Paulo de Tarso

O Espírito ao reencarnar traz em sua personalidade espiritual as tendências e predisposições do que já adquiriu em suas pretéritas existências. Elas terão influências na conduta e refletirão nos acertos e erros futuros. São as chamadas tentações. Todavia, essa bagagem que se carrega aqui e na vida espiritual reagirá em conformidade com o que o Espírito vier a encontrar em seu meio reencarnatório. Toda essa complexidade o Espírito irá encontrar em razão do esquecimento do passado que vigora para não se reconhecer, em certos casos, os adversários do pretérito e atrapalhar a trajetória da nova experiência.

Destarte, acompanharemos o nosso personagem em mais um capítulo de sua vida. Vivenciaremos juntos as dificuldades que encontrará e seu desfecho.

Nessa nova reencarnação, que veio ocorrer tão logo deixara seu corpo carnal já como cristão, Demetrius retorna para dar sequência à doutrina de amor e perdão que aprendera com o Mestre Divino. Entretanto, como acontece em muitos retornos de Espírito, reencarna em uma família de princípios contrários aos já adquiridos na existência anterior. O meio familiar era pagão e, com certeza, seria para dar continuidade à divulgação das *Boas-Novas* em meios não-cristãos.

Estamos percorrendo um momento histórico da Humanidade terrestre e ninguém nem imaginava a possibilidade de o Cristo dar início a um novo calendário. Uma Nova Era surge: O Cristianismo.

Demetrius reaparece nesse cenário com nova vestimenta carnal, mas, como sempre vinha acontecendo, traz ainda resquícios de sua personalidade forte e agressiva, apesar dos novos princípios abraçados com o Cristianismo. O corpo físico denso e o meio ambiente da nova caminhada serão fatores de influência da nova conduta do nosso personagem.

Criança inquieta e rebelde, recebe educação baseada na crença e temor aos deuses mitológicos e nas conquistas a braço forte. Aliás, era a educação básica o despertar para as conquistas.

Na adolescência despontou o majestoso corpo físico, do qual fazia uso nas práticas preferenciais da época: as lutas corporais. Foi por esse caminho que ganhou e impôs respeito na sociedade. Mas o mesmo tempo que dedicava ao esporte e a conquistas, devotava também à sua profissão de ourives, principalmente nas confecções de nichos, ou seja, estátuas e imagens da deusa romana Diana ou, em grego, Artêmis. Essa deusa é uma divindade asiática e seu culto foi instituído pelas amazonas, mulheres guerreiras. Sua imagem apresentava a forma de múmia.[20]

Em razão dessa profissão e de sua crença mitológica, propagava a venda de esculturas de pedra e de prata dessa deusa, bem como defendia com todas suas forças a crença e quem tentava se opor a ela pagava, muitas vezes, com a própria vida. Na realidade não só pela crença, como também pelos grandes lucros que rendia a venda das esculturas pagãs.

Após o retorno de Jesus ao Reino Espiritual, Seus discípulos deram sequência à divulgação do Seu Evangelho pelas terras áridas do Oriente Médio e da Ásia, tentando plantar nos corações dos seres humanos, endurecidos pelas tradições seculares, as *Boas-Novas* que abririam os caminhos para compreensão da existência do Mundo Espiritual.

As bases dessa nova doutrina eram inéditas: o perdão e o amor.

Nessa época, Éfeso era uma das maiores cidades no litoral do mar Mediterrâneo, capital e principal centro comercial da Ásia, hoje compreendendo parte da Turquia. Era um centro de transporte marítimo e terrestre tão importante quanto a Antioquia, na Síria, e Alexandria, no Egito. Encontrava-se sob o domínio do império Romano.

A principal responsabilidade dos líderes da cidade era simplesmente manter a paz e a ordem. Se falhassem em controlar o povo, Roma destituiria os funcionários designados para o cargo. Era considerada a grande guardiã do templo de Diana e de sua estátua, que, segundo a crença, havia caído de Júpiter.[(21)] Grandes festas se estabeleciam na cidade, sempre envolvendo orgias, e a rotina de seus cidadãos refletia muito na adoração que prestavam àquela divindade pagã.

Levou duzentos anos para ficar pronto em 450 a.C. na cidade de Éfeso. Suas 127 colunas de mármore atingiam 19 metros de altura. Depois de ter sido incendiado em 356 por Eróstrato, foi reconstruído (dessa vez em vinte anos) e destruído novamente em 262 pelos godos.

Foi nessas terras que houve grande alvoroço acerca do *Caminho*, nome esse dado aos primitivos seguidores de Jesus, onde Demetrius sentiu-se prejudicado em razão dos discursos de Paulo de Tarso, apóstolo de Jesus, que levava aos povos pagãos a afirmativa de *não serem deuses os que são feitos por mãos humanas*.[(22)]

Paulo, com sua palavra vibrante, persuadia muitos com a aceitação da nova doutrina cristã, a qual trazia esperanças e conforto àquele povo que já apresentava algum interesse pela crença que lhe daria respostas aos anseios que despertavam em seu íntimo. A renovação que se implantava era muito grande, trazia o conhecimento da existência de um Deus único e espiritual, bem ao contrário da crença dos deuses pagãos e simbolizados pelas estátuas de figuras humanas, além das promessas de Jesus a respeito da vida espiritual, após a morte do corpo físico.

Assim, caminhava de cidade em cidade curando os enfermos e pregando essa nova doutrina que, posteriormente, seria chamada Cristianismo. Trazia convicção e testemunho do que ensinava. Entre as várias cidades que percorreu estava Éfeso. Cidade com tradição pagã e com crença fanática em razão da existência do Templo de Diana, com sua enorme estátua e a crença popular de que ela havia caído de Júpiter. Demetrius era um dos líderes em defesa dessa crença.

Paulo permaneceu por lá pouco mais de dois anos, onde escreveu sua primeira carta aos coríntios, na qual abordou vários problemas que a igreja, em Coríntios, enfrentava. Mais tarde, quando estava preso em Roma, escreveu sua carta aos efésios.

Paulo de Tarso ganhou muitos seguidores para o Cristianismo. Diante desse quadro Demetrius revoltou-se contra aqueles que já não aceitavam os deuses de pedra e propagavam a existência de um Deus único e espiritual, o que fugia completamente dos seus interesses e da crença milenar dos deuses pagãos.

Em razão desses acontecimentos, convoca todos os que seguiam essa profissão e coloca a sua preocupação quanto à propaganda de Paulo, não somente em Éfeso, mas em quase toda a Ásia, de um Deus único e espiritual, o que levaria em futuro bem próximo a perda dessa profissão que tanto lucro dava a todos os artífices. Como se vê, o deus que Demetrius carregava em seu íntimo não era Diana, mas *Mamom*, o deus das riquezas.(23)

Na verdade, Demetrius e seus companheiros artesãos não discutiram a doutrina cristã, mas a pregação do apóstolo que ameaçava o lucro deles. Sabiam que já havia certo interesse por essas novas revelações de um Deus único e espiritual, fato que levaria com o tempo a um descrédito total aos ídolos de pedra que comerciavam com prenúncios de prejuízos e consequente fim desse trabalho artesanal que era o sustento da categoria.

Por outro lado, crescia o mérito de Paulo ao enfrentar uma crença milenar e completamente oposta ao materialismo que imperava. Foi nessa cidade que Paulo sofreu uma grande perseguição do grupo de ourives comandados por Demetrius. Este via dois iminentes perigos: descrédito da sua profissão e descrença na deusa Diana, bem como, descrédito quanto à visita ao próprio templo, considerado uma das maravilhas do mundo antigo e adorado pela multidão pagã.

Com a influência dos ourives pagãos, Demetrius conseguiu criar uma atmosfera de revolta e fanatismo, levando aquela comunidade a se reunir no teatro da cidade, o centro de discussões dos problemas locais, e instalar uma assembleia para discutir a situação que se apresentava para eles. Aos gritos desvairados o povo proclamava: *Grande é a Diana dos Efésios*,(24) com o intuito de levar ao descrédito as *Boas-Novas* trazidas por Paulo.

Foi o princípio das perseguições ao Cristianismo nascente.

Como atualmente ainda ocorre, infelizmente, toda estratégia de Demetrius consistia em despertar nos colegas de profissão e no povo em geral, o apego ao dinheiro e aos bens materiais, camuflados na lealdade religiosa. Assim, por causa da agitação por interesses próprios, muitos deixaram de conhecer a doutrina de paz e luz que florescia pela boca de Paulo de Tarso.

Foi nesse estado de ânimo que arrastaram para o teatro, os companheiros de Paulo no trabalho de divulgação do Cristianismo nascente, os macedônios

Gaio e Aristarco. Quando Paulo soube desse episódio, prontificou-se de imediato a se apresentar no teatro para defesa que se fazia necessária de seus amigos, mas foi impedido por outros seus discípulos diante do eminente perigo que ocorria.

Nessa altura, a assembleia caíra na maior confusão e ninguém entendia ninguém, pois voltaram-se também contra os judeus da cidade. Foi nesse ambiente de revolta e fanatismo que os judeus conseguiram apresentar um porta-voz, Alexandre, o qual explicou para a multidão que os judeus nada tinham que ver com os cristãos envolvidos com os artesãos. Mesmo assim, o povo fanatizado continuava a gritar: Grande é a Diana dos efésios!

Essa situação difícil e perigosa acabou por convencer Paulo a partir de Éfeso e seguir por outras terras com sua divulgação, mas, mesmo assim, demonstrava que a lei romana ainda oferecia alguma proteção aos cristãos que desafiavam a adoração à deusa Ártemis e à crença mais idólatra da Ásia.

Bem, nessa cidade havia um escrivão muito respeitado, que se achava preocupado com um mal maior que estava em vias de acontecer, principalmente mortes entre os acusados judeus e cristãos, tendo em vista que não via qualquer sacrilégio ou blasfêmia praticada por eles contra a deusa Diana e poderiam ser acusados de sedição. Portanto, na primeira oportunidade, interferiu na assembleia e veio a apaziguar a multidão que se aglomerava no interior do teatro, deixando claro que se continuassem a insistir nas acusações, eles deveriam dar queixa nas *audiências em procônsules* para esse fim. E, dito isto, dissolveu a assembleia.

Como bem sobressaltou aos nossos olhos, Demetrius nesta existência física não deu sequência aos desígnios outrora abraçados e tomou o caminho do fanatismo, mais profundamente o do poder econômico. Não é surpreendente tal fato acontecer, não obstante as responsabilidades que se assume na Espiritualidade, antes de nova experiência, por falta de vigilância e por atender aos apegos materiais visíveis e às paixões. Sempre prevalecerá o livre-arbítrio. Assim, membros da Espiritualidade maior sempre estarão ao lado dos que aqui estagiam, orientando e consolando, mas não interferindo, pois Deus conhece a imperfeição dos seres humanos deste orbe e aguarda o tempo que for necessário para o despertar de fato que cada um terá em relação à vida eterna.

Essa realidade também há de advir na vida de Demetrius, como veremos.

CAPÍTULO

IX

Demetrius, Perseguidor da Reencarnação

Fazendo breve recapitulação da epopeia de Demetrius, nós o vimos chegar ao planeta Terra como exilado de um outro orbe em evolução, o qual não pode acompanhá-lo por não ter alcançado o moral necessário para tanto. Dando sequência a seu retrospecto, reencarna em família de nobres e torna-se rei. Abdica da irmandade entre os seres humanos e acumula no Espírito a prepotência e o orgulho.

Ressurge em outro capítulo no corpo físico de um guerreiro, faz uso do seu porte físico avantajado para a violência e morte, porém angaria derrotas que serviram como experiências para seu Espírito a caminho da luz. Posteriormente, presencia o calvário de

Jesus e abraça o Cristianismo nascente, tendo tudo para dar continuidade nesse campo fértil em suas subsequentes encarnações. Assim acontece. Retorna e dá continuidade à divulgação do Cristianismo, mas é preso por ser cristão.

Torna-se gladiador e, ao primeiro teste de fé, sucumbe e abandona sua crença em Jesus. Porém recupera-se logo a seguir, em virtude de compreender que o Mestre Divino somente estava lhe testando a lealdade. Regressa em nova oportunidade, desta feita, em meio da crença pagã no propósito de divulgar o Cristianismo, mas sucumbindo, esquecendo suas reminiscências. Preparado na Espiritualidade, reencarna em família cristã e torna-se sacerdote, chegando ao bispado e, a seguir, veremos como irá se comportar.

Inicia-se uma nova vivência em corpo biológico desse Espírito varonil. Após enormes preparativos na Espiritualidade, retorna e abraça a Religião Cristã como um sacerdote. Não mais guerreiro nem violento, mas ainda seu Espírito não se desfez de todas as imperfeições. Carrega outras imperfeições de maiores dificuldades de se extinguirem, por serem mais sutis e também perigosas: o ciúme, a inveja e o orgulho.

Estamos ingressando no ano 185 da Era Cristã. Nascia na Alexandria um personagem importantíssimo para o Cristianismo, defensor das raízes primitivas da Boa-Nova de Jesus, o Mestre Nazareno. Seu nome foi respeitado por muitos, pela sua coragem e desprendimento em defender a essência do Cristo, perante uma Igreja forte e ligada ao Estado político da época. Trata-se de Orígenes, Espírito que já seguira no passado às pegadas do Divino Mestre e nesta ocasião veio a ser discípulo destacado do mestre Clemente que posteriormente a Igreja santificou.(25) Alexandria portava o orgulho de possuir a biblioteca mais famosa da Antiguidade, marco único na história intelectual da Humanidade, da qual Orígenes absorveu muitos conhecimentos que aprimoraram seu saber. A biblioteca foi destruída parcialmente pelo poder romano e o que restou por pseudocristãos fanáticos.

Em sua trajetória tornou-se um cristão egípcio e, por meio de seus estudos e pesquisas, conquistou prestígio popular no meio clérigo. Escreveu nada mais, nada menos do que 600 obras, nas quais ensinava os textos sagrados. Despontava em suas afirmativas as palavras de Jesus, que deveriam ser interpretadas no sentido alegórico e não ao pé da letra, como bem asseverava Paulo de Tarso, em sua 2ª Epístola aos Coríntios, capítulo 3, versículo 6: "... uma nova aliança, não da letra, mas do espírito; porque a letra mata, mas o espírito vivifica". Fica demonstrado que seus ensinamentos evangélicos trazem, nas entrelinhas, o significado espiritual.

Foi considerado um dos pais da igreja primitiva e defendeu a preexistência do Espírito e a Apocatástase, ou seja, a restauração de todas as coisas, por entender que o mal é do Homem e de Deus só emana o Bem. Sendo assim, o mal é passageiro enquanto o ser humano não encontra Deus por intermédio de Suas leis morais.

Fato inédito, mesmo dentro do clérigo, foi ser o primeiro pesquisador a estabelecer a presença de Jesus no Velho Testamento, como o Cristo de Deus. Sua visão espiritual era abrangente e tinha uma maneira lúcida e certa de abordar as mensagens de Jesus. Esse seu conhecimento teve início com seu próprio pai, Leonídio, que posteriormente foi martirizado em razão de sua crença cristã.

Sem pertencer às fileiras sacerdotais, Orígenes ficou conhecido como um dos maiores sábios do Cristianismo de todos os tempos e o criador da Teologia Cristã, na qual outros teólogos, posteriormente, tentaram se espelhar, porém, influenciados pelo dogmatismo já reinante na igreja, desvirtuaram e truncaram os verdadeiros ensinamentos de Jesus. Em sua adolescência, no ano de 203, com apenas 17 anos de idade, foi convocado a ser o reitor da Universidade de Alexandria, o mais importante centro intelectual do mundo. Podemos dizer: o que Santo Agostinho foi para a Teologia Ocidental, Orígenes foi para a Teologia Oriental. Em razão de sua inteligência e sabedoria, bem como pelas suas profundas obras, lhe deram o título de *Adamantino*.

Era possuidor de virtudes raras e de elevado sentimento de religiosidade, pois servia rigorosamente os ensinos de Jesus Cristo. Com essa conduta, aumentou mais ainda seu prestígio popular, gerando no meio clérigo ciúmes e inveja.

Seu sonho era tornar-se padre, razão da sua grande dedicação ao Evangelho. Entre seus próprios colegas leigos, que também queriam alcançar o sacerdócio, era admirado pela sua doutrina filosófica, embasada na doutrina de Platão e Sócrates: a Paligenética, ou seja, da Reencarnação, que veio a divulgar abertamente. Entretanto, nem todos viam com bons olhos, principalmente, os vinculados à vertente católica romana e, ao seu superior, Demetrius, bispo de Alexandria, que se sentia desconfortado em sua situação pelo prestígio de Orígenes, que nem padre era e se despontava como mais conhecedor das escrituras do que ele próprio. A inveja aumentava e carregava mais seu coração.

No seu propósito de se ordenar padre, Orígenes entra no espaço cedido aos leigos e tem oportunidade de lecionar, na tarefa de catequizar irmãos para a Igreja. Trabalhou por dez anos nessa incumbência. Foi nesse caminho que pela sua oratória e persuasão conquistou inúmeros discípulos às suas ideias filosóficas que a igreja não via com bons olhos, em razão da existência de uma corrente ligada ao Estado, a qual defendia uma existência única. Era subordinado ao bispo Demetrius, a quem cumpria a rigor todas as suas determinações, por vezes maldosas.

Apesar de todo seu prestígio e popularidade, Demetrius negava-lhe a ordenação que tanto aspirava. A notícia de que Orígenes estava sendo perseguido pelo bispo corria de boca em boca e acabou chegando aos ouvidos de Alexandre e de Teoctisto, bispos de Jerusalém e de Cesareia, respectivamente. Estes não aceitaram as atitudes de seu colega Demetrius e, por reconhecerem grande merecimento, ordenaram padre a Orígenes. Corria o ano de 231 da Era Cristã.

Em razão dessa atitude dos bispos, Demetrius, descontrolado pela inveja, propagou dentro da Igreja calúnia e difamação contra o então padre Orígenes. Acusava-o de defender que os demônios poderiam ser salvos pelo livre-arbítrio e pelas vidas sucessivas, em razão da justiça divina, enquanto que a Igreja defendia que os demônios eram anjos decaídos e com morada eterna no inferno. Por causa dessas atitudes rasteiras de Demetrius, Orígenes foi proibido de pregar na Igreja.[(26)]

Como muitos já conheciam Demetrius e o seu desequilíbrio egocêntrico, Orígenes continuou recebendo vários convites para divulgação de sua filosofia cristã primitiva. Sua fama cresceu e se espalhou pelo império, chegando à corte, onde a genitora do Imperador Alexandre Severo, Julia Mamea, convocou-o para lhe ensinar o Cristianismo sem interferência da Igreja. O ódio do clero crescia.

Demetrius, com sua grande influência eclesiástica, conquistou apoio de outros bispos do Egito e conseguiu anular a ordenação de Orígenes. Foi excomungado. Sofrera ataques difamatórios e injustos publicamente, com a finalidade de desprestigiar suas obras e fortalecer as dogmáticas da Igreja.

Por volta dos anos 246 a 248 da Era Cristã, quando já contava com 60 anos de idade, diante de tanta perseguição, registrou em seu livro, *Comentários sobre Mateus*, alguns fatos contrários à reencarnação, tudo levando a crer que estaria tentando desviar seus inimigos de seu encalço. Assim, suas obras passaram a não mais apresentar referências explícitas sobre a reencarnação. Mas, mesmo assim, escreveu outra obra secreta denominada *Sobre os Primeiros Princípios*, na qual vota e registra o princípio reencarnatório no Cristianismo nascente, reservada aos seus discípulos mais avançados. Aliás, todos os iniciados gregos e gnósticos(27) praticavam o sigilo, porém cópias dela tornaram-se públicas aumentando a polêmica.

Mas o mal sempre tem seu fim. Demetrius desencarna. Assim, Orígenes goza de um período de trégua, vindo a se estabelecer em Cesareia que, depois da destruição de Jerusalém, nos anos 70, tornara-se a cidade mais importante da Palestina. Sob a proteção dos bispos da Palestina, recebeu, finalmente, o respeito que merecia. Entretanto, passado algum tempo dessa trégua, por volta do ano 253, desta feita iniciou-se a perseguição aos cristãos, ordenada por Décio, quando então foi preso e barbaramente torturado e morto.

O drama sofrido por Orígenes nas mãos do seu bispo Demetrius foi o que simbolizou o princípio terrível da perseguição da Igreja contra os chamados hereges que, na realidade, estavam com as verdades do Cristo.

Orígenes nos deixou um legado da filosofia grega, precursora das escrituras judaicas e cristãs. Teve sempre um único ideal, buscar a verdade onde pudesse encontrá-la. E, assim, ao tentar estruturar e consolidar as *Boas-Novas* do Cristo, a Igreja não permitiu por entrar em choque com os recentes dogmas implantados. As verdades cristãs já não interessavam mais à Igreja, mas, sim, o interesse materialista e político em que se infiltrara. Nascia a terrível *Santa Inquisição*, mancha negra na Igreja.

Posteriormente, por volta do século IV, para impedir novos fatos idênticos a esses ocorridos, a Igreja restringiu severamente a liberdade de pensamento dos seus integrantes ao codificar a doutrina e definir as Escrituras. Substituíram-se os princípios da evolução e da iluminação aos seguidores do Cristo por normas dogmáticas que truncaram as realidades divinas. Foi, precisamente, no polêmico V Concílio Ecumênico de Constantinopla II, no ano de 553 d.C, que condenaram toda doutrina cristã à estagnação ao proibirem a reencarnação.

O ápice da doutrina de Orígenes concentrava-se nas seguintes afirmativas:

> Deus não pode ser entendido como corpo, mas como uma realidade transcendente apenas possível de ser palidamente entendido como realidade intelectual e espiritual.
>
> Deus não pode ser entendido, em Sua natureza, por meio das limitações dos seres humanos terrestres.
>
> Deus criou seres racionais e livres, sendo todos simples e iguais entre si e os criou à sua própria imagem, por terem potencialidade de desenvolver a razão e chegar à luz.
>
> Deus demonstra a Sua Justiça e Magnitude por meio da Reencarnação, e a incidência lógica e racional entre as doutrinas de Sócrates, Platão e Pitágoras, com os ensinos de Jesus, registrados em Lucas, 01:17, Mateus 17:9-13 e João, 3:01-15.
>
> Deus criou uma série de mundos habitados, nos quais as almas evoluem a caminho da perfeição.

Hoje, felizmente, a humanidade está amadurecida para a compreensão da injustiça praticada contra Orígenes, *Mártir da Verdade*. A Doutrina Espírita, por intermédio das *Vozes do Céu*, vem restaurar o cristianismo primitivo sem dogmas e sem rituais com os ensinamentos cristalinos do Divino Mestre. Orígenes veio por parte de Deus tentar, como muitos outros o fizeram, endireitar os caminhos da Igreja, mas não conseguiu, porque ainda imperam no ser humano a intolerância e o fanatismo contra seus próprios irmãos.

Se de um lado não conseguiu, de outro lançou a semente que hoje germina na mente de todos aqueles que procuram a verdade e a justiça de Deus. Sua filosofia é, ainda hoje, admirada e citada frequentemente por estudiosos e pesquisadores da Bíblia, da Filosofia e da Teologia.

Demetrius, infelizmente, foi um perseguidor da verdade da reencarnação e responsável pela sequência de ensinos errôneos praticado pelas Igrejas Ocidentais, deixando como resultado mais dores e sofrimentos para todos aqueles que tiveram seus olhos fechados pela fé cega.

CAPÍTULO

X

Demetrius e a "Santidade"

Bem, chegamos ao auge da trajetória evolutiva de Demetrius, de interesse desta obra, na qual em cada capítulo procurou-se demonstrar a dificuldade e a lentidão que os Espíritos vinculados à Terra enfrentaram para progredir em razão ao grau de imperfeição em que ainda se encontraram. Mas, como foi dito anteriormente, o Criador, conhecedor das fraquezas das criaturas terrestres, espera o despertar consciente de cada um. Para tanto oferece sempre novas oportunidades aos Espíritos, visando que esses encontrem o verdadeiro caminho para, um dia, conquistar a perfeição anunciada pelo Mestre Divino.

Estamos no início do século IV e o novo palco é a cidade de Tessalônica, na Grécia. Demetrius renasce, desta feita, em uma família nobre e cristã, filho único e herdeiro de uma família de senadores. Cresce com formação cristã e, como não poderia deixar de ser, segue brilhantemente a carreira militar. Seu pai era comandante militar nessa cidade movimentada e orgulhosa, ostentando respeito no meio social. Quando da morte de seu genitor, o imperador Maximiliano empossa no comando Demetrius, que seguia os mesmos passos de seu pai no meio militar.

Com seus conhecimentos e a dedicação que prestava ao império consegue chegar ao posto de procônsul e, não muito tempo depois, ao cargo superior de cônsul pela cidade Helada, na Grécia. Mesmo ostentando essa autoridade política, sabia separar sua função destacada com atitudes humildes com seus comandados. Demetrius não se prendia às riquezas e ao poder deste mundo.

O reinado de Maximiliano crescia com conquistas de novas terras que eram agregadas ao seu império e mostrava ao mundo seu poderio militar. Suas riquezas e culturas impressionavam outros povos. Certa feita, o imperador encontrava-se, já há algum tempo, em batalha nas terras dos sarmathianos, quando mensageiros trouxeram notícias de que em Tessalônica o Cristianismo expandia-se de modo preocupante para seu império, no qual preponderava maciçamente a crença aos deuses mitológicos. Incontinenti, destacou um emissário e mandou ao encontro de Demetrius, seu fiel cônsul, determinando que perseguisse e exterminasse todo cristão da cidade.

Nesse ínterim, novas notícias chegam ao imperador, aumentando mais sua preocupação quanto à cidade de Tessalônica. Traziam rumores de que Demetrius havia adotado o cristianismo e era grande o número de seus seguidores. Mais ainda, desobedecera as suas ordens de combater a doutrina baseada em um rabino judeu que havia ressuscitado dentre os mortos.

O imperador Maximiniano deixou parte de seu exército na batalha que seguia e retornou à Tessalônica, com o fim de certificar-se da realidade das notícias que recebia, pois não acreditava no que ouvia. Imediatamente determinou que Demetrius se apresentasse ao palácio e, perante sua corte, questionou sobre sua fé cristã. Demetrius, espírito forte e guerreiro, não se intimidou e perante todos fez uma fecunda defesa do Cristianismo e demonstrou sua completa descrença nos ídolos de pedra, crença quase total da época.

Tal atitude foi para o imperador surpreendente e inesperada. Trouxe grande revolta e não aceitação do que era para ele uma grande traição. Enfurecido e descontrolado, determinou que Demetrius fosse encarcerado no calabouço do palácio, lugar escuro, úmido e infestado, mesmo possuindo a prerrogativa de cônsul do império. Era o poder subjugando o ser humano.

Os próprios súditos do imperador se revoltaram por não entenderem essa mudança. Como sempre, a maioria segue os padrões da época, certo ou errado. Todavia, muitos conheciam o caráter de Demetrius e reconheciam o seu trabalho humilde e equilibrado, apesar de ser cônsul. Com essa posição radical adotada pelo imperador, acabou por despertar mais o conhecimento do Cristianismo e muitos se converteram. Dentro da prisão Demetrius atendia a todos em suas necessidades e ensinava o Evangelho de Jesus com palavras de um pregador nato.

Ciente de que seu destino nas mãos do imperador não seria nada promissor, apressou em repartir seus bens advindos da sua função de cônsul, deixando metade para seu fiel criado Lúpus e outra parte ordenou que fosse distribuída aos pobres.

Diante dessa situação que se instalou em Tessalônica, o imperador Maximiniano resolveu por si só tornar-se perseguidor implacável dos cristãos, enchendo as prisões, pois já eram grandes os seguidores do Nazareno. Mas, em vez de abater-se com o desânimo, Demetrius, agora conhecido como “o pregador”, amparava cada vez mais os convertidos presos com suas preces e seus ensinos.

O imperador Maximiniano perdia dia a dia seu prestígio, pois, ultimamente, cresciam rumores de curas que ocorriam por interseção de Demetrius no interior do calabouço. Alastravam-se notícias na população de fatos tidos como milagres e, assim, o povo mais o venerava. Percorriam rumores de que Demetrius recebia constantemente entidades iluminadas que intercediam nas mais variadas necessidades que surgiam no interior do presídio. Propagava-se que havia matado um grande escorpião peçonhento que estava prestes a atacá-lo, com a intervenção de suas preces.

Na realidade, a presença das entidades celestiais trazia força e coragem para que pudesse enfrentar as provas que lhe avizinhavam, em engrandecimento de seu Espírito e, ao mesmo tempo, em decorrência de expiações necessárias e imprescindíveis para o reequilíbrio de suas vivências violentas do pretérito.

Apareceu naqueles tempos um grande gladiador, violento e brutal de nome Lieus. Conhecido dos povos da região, era o favorito do imperador. A cada luta oferecia bom prêmio a quem o vencesse, pois carregava a certeza de que ninguém conseguiria. Foi então que apareceu um desafiador, Nestor, um jovem gladiador e amigo de Demetrius, e esse, sem conhecimento das altas autoridades do império, conseguiu chegar até o interior do calabouço e recorreu a Demetrius para receber suas bênçãos antes da luta.

Maximiniano, sabedor desses fatos ocorridos e para desqualificar o agora cristão Demetrius, determinou sua presença ao lado de seu trono para assistir aos jogos e tendo como pano de fundo a luta entre Lieus, em quem depositava toda certeza de vitória, e Nestor, um gladiador desconhecido e amigo de Demetrius. Dessa forma prepararia um descrédito ao Cristianismo e humilharia seu ex-cônsul. Se assim ocorresse, conforme seu planejamento, condenaria Demetrius à morte, pela prática do Cristianismo e não haveria opositores.

Por outro lado, Nestor tinha como certa a vitória sobre Lieus em virtude de ter recebido as bênçãos de seu amigo Demetrius. Com essa determinação e fé foi para o combate. Diante de um grande público atraído de um lado pelo gladiador invencível, de outro, um cristão amigo de Demetrius. Em grande expectativa, a luta foi iniciada com golpes violentos de ambas as partes, fugindo das perspectivas iniciais, já que Nestor enfrentava Lieus de igual para igual.

Foi um combate longo e sangrento, acabando Nestor por matar seu adversário e sair vencedor. Furioso com o resultado inesperado e com a notícia que corria de boca em boca de que Nestor havia vencido a luta em virtude das preces recebidas de Demetrius antes do combate, Maximiniano retirou-se imediatamente do Coliseu para seu palácio sem cumprir a promessa de entregar ao vencedor o prêmio e ordenou aos soldados que matassem Demetrius na prisão com golpes de lança e decapitassem Nestor, também por ser cristão.

Relatos que percorrem séculos afirmam que do túmulo de Demetrius por muito tempo emanaram energias e aromas que proporcionavam curas das mais imprevistas. Quando houve trégua das perseguições contra os cristãos na cidade de Ilíria, o prefeito da época, Leôncio, teve duas visões de Demetrius e erigiu um templo em sua honra. Assim, a Igreja considerou-o um grande mártir do Cristianismo e o consagrou santo e padroeiro de Tessalônica. Estes fatos aconteceram já no império de Justiniano.

Existem atualmente mais de 200 igrejas em todo Leste europeu com o nome dele. Os russos têm São Demetrius ou São Demitrios, como protetor da Sibéria, Belgrado, Sérvia e Salônia. Como não poderia deixar de ser, também, um dos protetores da Grécia. Sua data comemorativa no Oriente é o dia 26 de outubro, enquanto, no Ocidente, na Igreja Católica, comemora-se no dia 8 de outubro. É considerado, ainda, o protetor dos militares.[28]

Bem, caríssimos leitores, por ora, estes são alguns relatos das experiências reencarnatórias do Espírito Demetrius, deixando claras as dificuldades que o Espírito encontra ao estagiar neste plano denso, ao revestir-se de um corpo energético mais grosseiro que o corpo espiritual, em busca de ascensão a planos espirituais mais elevados, ou seja, mais próximos do Criador.

Todos aqueles que aspiram alcançar a perfeição possível neste orbe terão de enfrentar barreiras e desafios. As barreiras são as próprias imperfeições que se carrega; os desafios são oportunidades de experiências e conquistas. A vida é eterna, o aperfeiçoamento é lento, mas mesmo a pequena conquista, principalmente no campo da caridade e do desprendimento, será de grande valia na espiritualidade, sempre em busca da perfeição.

As promessas do Cristo demonstram claramente que as conquistas do reino dos céus têm seus alicerces constituídos nas práticas morais, que fazem resplandecer do Espírito as energias mais rarefeitas que aproximam das de Deus e desvinculam das atrações gravitacionais que prendem a novos retornos a este orbe.

A epopeia de Demetrius revelou que a reencarnação é um imperativo para o Espírito imortal alçar voos mais altos e sublimes, em busca da iluminação e da congregação com Deus. Em seus retornos sempre caminhou para o progresso, mesmo que o material, pois este também pode levar ao espiritual. Nunca foi estagnado ou omisso, bem ao contrário, sem ter necessidades, saia à luta, o que muitas vezes custou-lhe sua própria vida, mas deixava rastros de liberdade e cultura.

Esse seu livro de vivências é o retrato vivo dos Espíritos ainda vinculados a este planeta, de características imperfeitas. Assim sendo, a maioria somente se liberta das imperfeições à custa de sofrimentos e dores, remédios amargos que servirão de bússola virtuosa para não se voltar a errar.

No universo em tudo há harmonia e equilíbrio. Assim, tudo que for desequilibrado pelas nossas condutas ou pelos nossos pensamentos deverá ser novamente reequilibrado para retornar à harmonia da natureza. Esse retorno nem sempre é fácil e rápido, mas difícil e lento. É o que se procurou trazer nestas breves linhas a respeito da Epopeia do Espírito Demetrius, que teve um curso "DAS TREVAS À SANTIDADE". Apesar de ter sido considerado santo, hoje, ele se encontra com nova vestimenta carnal à procura de seu aprimoramento espiritual, trabalhando para o Cristianismo à Luz da Doutrina Espírita.

Conclusão

Nosso momento planetário é idêntico ao ocorrido há milhares de anos no orbem que vivia o Espírito Demetrius, o qual havia conquistado profundos conhecimentos intelectuais, mas menosprezou as conquistas morais. Fato que vem ocorrendo aqui na Terra, com milhões de Espíritos encarnados e desencarnados.

Hoje o Cristianismo, à luz da Doutrina Espírita, desvinculada de qualquer ritual ou dogma religioso, traz para a Humanidade os ensinos primitivos do Cristo de Deus, os quais são normas morais, imprescindíveis para o ser humano. Somente a sua prática criará energias sutilíssimas ao Espírito e darão condições de agregar-se às do Supremo Criador.

A intenção foi trazer algumas passagens pela crosta terrestre desse personagem, para servir de exemplo a todos os Espíritos ainda presos a este planeta, denominado mundo de provas e expiações, e que servirão como base para prosseguir nele, no próximo ciclo evolutivo, denominado mundo de regeneração. Para tanto, vai exigir a conquista moral ainda longe da mente da maioria que aqui habita. Que estes relatos sejam de alerta a todos aqueles que já foram uma vez exilados de seu *hábitat redondo* de origem e não recaiam novamente no mesmo erro, desta feita, deste orbe para outros mais inferiores à busca da moral que, até então, não conquistaram.

Renasce-se para o progresso intelectual e moral, asas da evolução infinita e, nessas caminhadas, muitas vezes, o Espírito prende-se somente ao intelectual e esquece o moral, engendrando-se em caminhos de apegos inferiores. Aí estaciona e retarda na corrida para o Criador, além dos sofrimentos e dores que assolarão o corpo físico em consequência da invigilância. É o retrato de várias passagens do Espírito Demetrius.

Os sinais preditos por Jesus ressoam em nosso planeta. O termo final se aproxima. Foram dois mil anos de oportunidades de desprendimento dos vínculos mais grosseiros da matéria. O próprio Cristo de Deus veio até nosso ambiente grosseiro para vivenciar o testemunho de Sua Doutrina, a qual não estava ligada a quaisquer bens materiais ou econômicos, mas, sim, em bens espirituais que se conquistam na prática do perdão, da caridade e do amor.

Essas conquistas, em verdade, não são para fracos que, no primeiro tropeço, se afastam da renovação íntima e, novamente, se apegam aos bens materiais. São para Espíritos fortes que não desistem aos primeiros infortúnios que lhes vêm para testar. Não. Estes se levantam e seguem não se escorando, como muitos, em ensinos que mais lhes acomodam e menos os exigem.

Estamos galgando época em que as mentes procuram transpassar os limites acanhados da visão material e da pretensa existência única na vestimenta carnal. Hoje os pensamentos já são transcendentais e holísticos. Entretanto, muitos querem continuar surdos e mudos, apoiados em crenças absurdas e ridículas, deixando de articular o bom senso, a lógica e a razão. Foi-se o tempo em que se pregava que o Espírito nascia com o corpo físico e, em consequência, a própria personalidade. Hoje, as experiências de quase morte e as regressões a vidas passadas nos trazem contatos incontestáveis com o mundo extrafísico, confirmando a Codificação Espírita que há 150 anos cientificamente relata esses fatos.

A própria Psicologia já não mais se prende em seu princípio que tudo tem a razão no cérebro. Vivenciamos o nascer de um novo entendimento na área da psicologia que deslumbrará, com certeza, até Freud: a Personalidade Congênita.[29]

Este entendimento prova ser a personalidade de hoje a continuação da personalidade das existências anteriores, as quais retornam para escoar as imperfeições e os defeitos adquiridos e será a continuação do aperfeiçoamento na próxima encarnação. Assim, sucessivamente, elas serão registradas em nossa mente espiritual e terão a incumbência de levar luz ao Espírito.

Portanto, precisa-se entender que não mais somos pessoas em forma de homens ou mulheres, brancos ou negros; não somos mais brasileiros ou argentinos, americanos ou iraquianos, somos Espíritos que encarnam em "carcaças" ou "cascas" de gênero masculino ou feminino, ou em raças diferentes para experiências na senda da própria evolução. Somos espíritos imortais em busca da perfeição.[30]

Na natureza tudo é harmonia e equilíbrio, desde o macrocosmo com os milhões de estrelas e astros, harmoniosamente vinculados um aos outros, até ao microcosmo com os trilhões de células que formam o corpo biológico do ser mais evoluído do nosso planeta, o Homem. Sim, o corpo biológico é também harmonioso, porém, se assim não se apresenta é pelo motivo que o Espírito que o habita o desequilibrou, ontem ou hoje, e saiu da harmonia.

Assim, tudo que é desequilibrado cai na terceira lei de Newton, chamada Lei de Ação e Reação, com o propósito de ser novamente reequilibrado a fim de voltar ao progresso e alcançar a harmonia da natureza. Desta feita, se uma conduta praticada levar desequilíbrio ao próximo ou à própria natureza, o agente torna-se um "desequilibrado" na mesma proporção de sua ação.

As Boas-Novas de Jesus são, na realidade, leis científicas que devem ser aplicadas no dia a dia para adequar-se às energias puríssimas de Deus, nosso Criador, quando então o Criador estará com a criatura e a criatura com o Criador e, todas as portas se abrirão, inclusive, as dos Céus.

Das "Trevas à Santidade": esta foi à Epopeia do Espírito Demetrius. Por derradeiro, lembramos que o Mestre Divino enfatizou em Seus ensinos: "*Ninguém tem maior amor do que aquele que dá a própria vida em favor do amigo*".(31) Assim, podemos afirmar: DEMETRIUS É UM AMIGO DE JESUS.

Referências Bibliográficas

1 *Mitologia Greco-Romana, René Ménard*, Vols.I, II, III, Opus Editora, SP, 1997.

2 *Atlas da História do Mundo da Folha de S. Paulo*, 4ª edição, editado por Geffrey Parker, publicado pela Times Books, SP, 1995.

3 *O Livro dos Espíritos*, Allan Kardec, questão nº 728, Ed. Mundo Maior, SP, 2000.

4 *Revista Boa Vontade*, ano I, nº 4, outubro de 1956, Entrevista de Francisco Cândido Xavier, Tema: Emmanuel Fala Sobre Ramatis, SP, 1956.

5 *A Caminho da Luz*, Francisco Cândido Xavier, pelo Espírito Emmanuel, FEB, Departamento Editorial e Gráfico, RJ, 2002.

6 *Os Exilados de Capela*, Edgard Armond, Editora Aliança, 25ª edição, SP, 1990.

7 *A Bíblia Sagrada*, Tradução de João Ferreira de Almeida, Editora Sociedade Bíblica do Brasil, RJ. 1960 – Gênesis, 06:04.

8 *Mensagens do Astral*, Hercílio Maes, pelo Espírito Ramatis, Editora Conhecimento, RJ, 2000.

9 Extraído do site pt.wikipedia.Org/wiki/Colosso_de_Rodes, Wikipédia, A Enciclopédia Livre, GNU Free Documentation License, outubro, 2006.

10 *A Gênese,* Allan Kardec, cap. 18, item 2, Editora Mundo Maior, SP, 2003.

11 Extraído do site www.nomismatike.hpg.ig.com.br/grecia /alexandre.htm, Emerson Luiz de Faria, outubro, 2006.

12 *A Bíblia Sagrada*, Editora Ave-Maria, 1º Livro dos Macabeus, Cap. I a XVI, SP, 2001.

13 Políbio, História XXXI, 9 CF, texto e AA. VV, Israel e Judá. Textos do Antigo Oriente, p. 99 ou em Saulnier C, Histoire D'Israel III, p. 380.

14 *O Evangelho Segundo o Espiritismo*, Allan Kardec, Introdução, item III, Editora Mundo Maior, SP, 2002.

15 Idem 6, Mateus, 19:16-24.

16 Idem 7, Mateus, 19:16-24.

17 Idem 7, 3ª Epístola de João, 01:12.

18 Idem 7, João 11:25.

19 *The Robe*, Lloyd Cassel Douglas and Andrew M. Greeley, USA, 1999.

20 Idem 1, Volume II, Pág. 98.

21 Idem 7, Atos 19:35.

22 Idem 7, Atos 19:26.

23 Idem 7, Mateus 06:24.

24 Idem 7, Atos 19:28.

25 *A Reencarnação Segundo a Bíblia e a Ciência*, J. R. Chaves, Editora Martin Claret, pág. 162-163, SP, 2002.

26 Giovanni Reale & Dario Antiseri: *História da Filosofia*, Editora Paulus, São Paulo,1990 e James Fadiman e Robert Frager: *Teorias da Personalidade*, Editora Harbra, SP, 1986.

27 *Novo Dicionário Aurélio da Língua Portuguesa*, Editora Positivo, 3. edição, Pr., 2004 – Gnósti-

co= Relativo ao conhecimento; relativo a certa ciência.

28 *Teorias da Personalidade*, James Fadiman e Robert Fragger, Editora Harbra, SP, 1986 e Lives of the saints and homilies by bishop Nikolai Velimirovits, Lazarica Press 1986, vol. IV, págs. 113-115, Tradução: Dom Jeremias /FERENS/.

29 *Como Aproveitar a Sua Encarnação*, Mauro Kwitko, Edições Besouro Box, RS, 2006.

30 Idem 29

31 Idem 6, João 15:13.